Construir el nuevo milenio

Arquitectura de comienzos del siglo XXI

Introducción 5
Construir el nuevo milenio

Centro cultural y de congresos 6
Ateliers Jean Nouvel

Auditorio Ciudad de León 10
Mansilla + Tuñón Arquitectos

Parco della Musica 14
Renzo Piano Building Workshop

Residencia de estudiantes Simmons Hall 18
Steven Holl Architects

Terminal internacional del puerto de Yokohama 22
Foreign Office Architects

Museo de arte contemporáneo Siglo XXI 26
SANAA

Estadio de Braga 30
Souto Moura - Arquitectos

Museo de ciencias naturales Matsunoyama 34
Tezuka Architects

Centro de arte contemporáneo Lois & Richard Rosenthal 38
Zaha Hadid Architects

Grandes almacenes Selfridges Birmingham 42
Future Systems

Walt Disney Concert Hall 46
Gehry Partners

30 St. Mary Axe 50
Foster + Partners

Centro de arte Casa das Mudas 54
Paulo David

Museo de arte Chichu 58
Tadao Ando Architects & Associates

Galería Henze & Ketterer 62
Gigon/Guyer Architekten

Viaducto de Millau 66
Foster + Partners

Parlamento de Escocia 70
Miralles/Tagliabue - EMBT

Biblioteca universitaria 74
Wiel Arets Architects

Allianz Arena 78
Herzog & de Meuron

Casa da Música 82
Office for Metropolitan Architecture (OMA)

Proyecto Edén 86
Grimshaw

Monumento a los judíos europeos asesinados 90
Eisenman Architects

Asamblea Nacional de Gales 94
Richard Rogers Partnership

Campus Novartis Forum 3 98
Diener & Diener Architekten

Schaulager de la fundación Laurenz 102
Herzog & de Meuron

Escuela de navegación y transporte marítimo 106
Neutelings Riedijk Architekten

Terminal 4 del aeropuerto de Barajas 110
Richard Rogers Partnership

Torre Agbar 114
Ateliers Jean Nouvel

Torre y plaza Woerman 118
Abalos & Herreros

Tienda de Freitag 122
Spillmann Echsle Architekten

Tanatorio municipal Meiso no Mori 126
Toyo Ito & Associates, Architects

Museo Papertainer 130
Shigeru Ban Architects + KACI International

Tienda de Ann Demeulemeester 134
Mass Studies

Capilla Hermano Claus 138
Peter Zumthor

Museo de arte Kolumba 142
Peter Zumthor

Estudios y centro cultural de la televisión china CCTV y TVCC 146
Office for Metropolitan Architecture (OMA)

Estadio nacional 150
Herzog & de Meuron

Fundación Iberê Camargo 154
Siza Vieira Arquiteto

Índice 158
Créditos fotográficos 160

Construir el nuevo milenio: Arquitectura de comienzos del siglo xxi presenta una selección de los edificios más interesantes construidos en el mundo desde el año 2000. Esta variada recopilación incluye estadios, museos, edificios religiosos, bloques de oficinas, un puente, un parlamento y un monumento al holocausto. La diversidad geográfica pone de manifiesto el alto nivel de calidad de la nueva arquitectura mundial, que se ha visto favorecida por una década de prosperidad económica, no menos que por la renovada valoración de la arquitectura contemporánea. Los arquitectos aceptan cada vez más encargos internacionales. Gobiernos, empresas e instituciones de todo el mundo encargan «edificios de bandera» a arquitectos de renombre internacional.

Las construcciones que aquí se presentan van desde la pequeña y sencilla capilla Hermano Claus, con espacio para un reducido número de personas, hasta la vasta y compleja terminal internacional del puerto de Yokohama. Algunas de ellas, como el Parlamento de Escocia o el museo de arte Chichu, en Japón, compatibilizan su aspecto innovador con estructuras de construcción tradicional, mientras que otras, como los grandes almacenes Selfridges de Birmigham, se basan en estructuras tan nuevas como ingeniosas desarrolladas con modelos informáticos que permiten superar los retos específicos de su planteamiento. El diseño asistido por ordenador ha permitido a los arquitectos experimentar con nuevas formas y ha ayudado a los ingenieros a encontrar soluciones estructurales para ellas. Muchos de los edificios descritos en este libro son deudores de esta novedosa tecnología, como los estudios de la televisión china CCTV de Office for Metropolitan Architecture (OMA), un rascacielos helicoidal de acero con un hueco en el centro.

Entre los arquitectos que aquí aparecen figuran bufetes profesionales de larga trayectoria junto a otros más nuevos. Los primeros edificios de Álvaro Siza datan de la década de 1960, mientras que el estudio Tezuka Architects se fundó en 1994. Algunos arquitectos, como Foster + Partners, son muy prolíficos, mientras que otros han construido menos; por ejemplo, Zaha Hadid Architects tardó años en conseguir un proyecto importante, y Peter Eisenman ha dedicado la mayor parte de su carrera a ejercer de profesor universitario y teórico.

La arquitectura no es inmune a las preocupaciones del siglo xxi. Los factores ecológicos determinan cada vez más el diseño de edificios, tal como lo demuestran el «rascacielos ecológico» de Foster + Partners en 30 St. Mary Axe y el proyecto Edén de Grimshaw. Otro tema recurrente es la «piel estructural», tipo de construcción en que el exterior del edificio actúa de estructura en lugar de hacerlo conjuntamente paredes interiores y exteriores y columnas. El estadio nacional de Pekín, cuya estructura entretejida le valió el apodo de «nido de pájaro», constituye un elegante ejemplo de este planteamiento. También cabe destacar la fabulosa gama de innovadores materiales de construcción, desde el revolucionario plástico ETFE —que cubre el Allianz Arena— hasta la sencilla piedra local del Parlamento de Escocia, de carácter más tradicional. Cristal, hormigón, piedra, madera y metal se utilizan de formas cada vez más sorprendentes. Asistimos al estimulante despegue de un nuevo milenio arquitectónico.

Centro cultural y de congresos
Ateliers Jean Nouvel

1

2

Lucerna, Suiza
2000

Este centro cultural ocupa una gran porción de terreno en Lucerna, a orillas del lago. Los urbanistas rechazaron los primeros proyectos, que preveían una construcción en voladizo sobre el agua. El proyecto definitivo incluye el lago en el diseño, convirtiéndolo en la característica principal del edificio. Las instalaciones, multifuncionales, se estructuran en tres partes. Ocupa el lado este una sala de conciertos con un bar y un restaurante abiertos al lago. En el oeste se disponen galerías, restaurantes y un auditorio, y en la zona comprendida entre estos dos sectores hay una sala de conferencias adaptable.

La espina dorsal del edificio está retirada de la orilla y la cúbica masa horizontal traza un perfil horizontal ante las lejanas montañas. Los tres elementos principales se adentran en el agua, abriendo canales sobre los que se han dispuesto puentes peatonales de piedra pulida. Unas puertas de hormigón rebozadas de escayola se controlan mediante bisagras automatizadas que permiten colocarlas de acuerdo con los requerimientos acústicos de la sala. La decoración interior es austera y monocroma, con los únicos toques de color de las puertas y el azul oscuro de los asientos.

Remata el centro unificando sus distintos elementos una cubierta inclinada de cobre que se proyecta 20 metros sobre la plaza. Debajo, la superficie reflectante del techo sobresale por tres de los flancos del edificio, lo que acentúa el efecto de inclinación y se convierte en característica distintiva desde el otro lado del lago. Unas rejillas metálicas de distinta transparencia colocadas en el exterior abren huecos por los que mirar a la vez que filtran la luz que entra en el interior. La presencia de grandes placas de cristal yuxtapuestas o en capas aporta aún más transparencia al edificio.

1 El centro visto desde el lago
2 Detalle del exterior
3 Sala de conciertos
4 El edificio en su entorno
5 Plaza pública cubierta
6 Vista del lago desde el interior
7 Vestíbulo
8 Espacio de tránsito
9 Asientos del auditorio

3

4

5

6

Lucerna, Suiza
2000

7

8

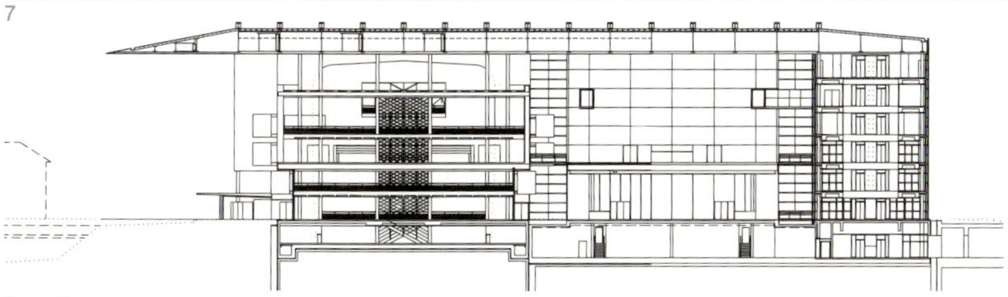

Sección

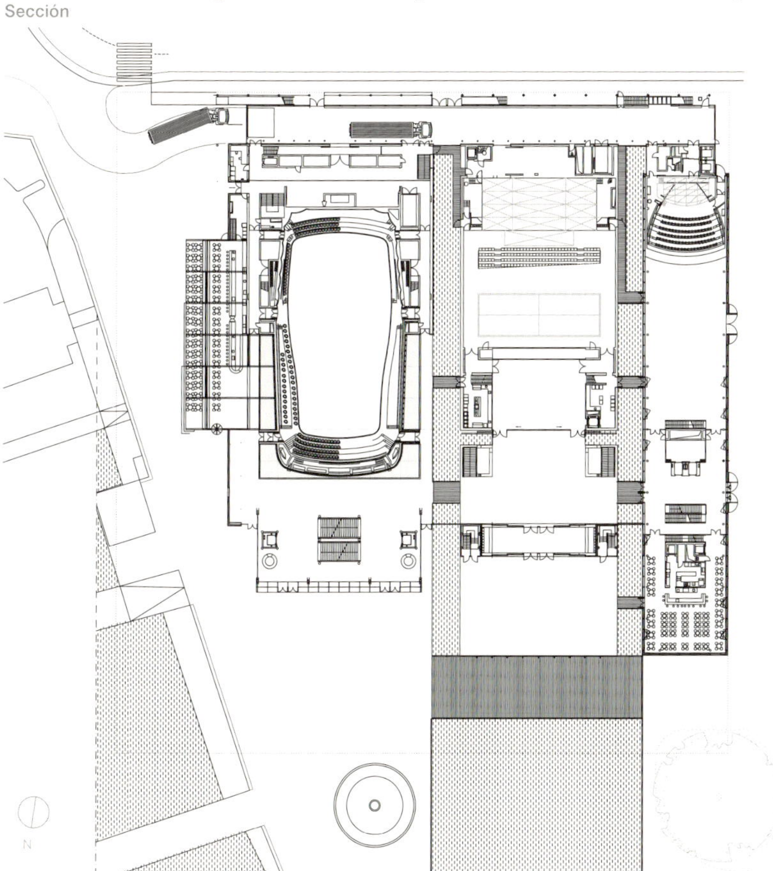

Emplazamiento

9

Auditorio Ciudad de León
Mansilla + Tuñón Arquitectos

1

2

León, España
2004

Esta caprichosa sala de conciertos ocupa el lado sur de una gran plaza del casco antiguo de León. El edificio, de una modernidad evidente comparado con el cercano monasterio de San Marcos, del siglo XVI, no supone, sin embargo, una ruptura con el entorno, de carácter tradicional. Su cometido es revitalizar la vida cultural de la ciudad con un museo y una sala de conciertos.

La fragmentada fachada blanca se compone de cinco niveles horizontales que hacen alusión a una partitura, en la que los vanos rectangulares verticales son las notas. Se trata de una serie de ventanas de diversos tamaños dispuestas al fondo de cada uno de los cubículos que componen la fachada. Estas ventanas capturan la luz del día y la filtran antes de que penetre en los espacios interiores. Los haces de luz procedentes de las ventanas proyectan sombras cambiantes que alegran el vestíbulo de entrada y emulan el ambiente en penumbra de la cercana catedral gótica. El edificio se compone de dos partes: el módulo que linda con la plaza alberga tres salas de exposiciones, y el resto del espacio lo ocupa el gran auditorio.

La entrada principal separa los dos bloques y una larga rampa conduce de allí a la zona de exposición. Las galerías hacen que trascienda la función del edificio como marco de representaciones musicales. Gracias a sus asientos y paneles acústicos móviles, el auditorio se adapta a otro tipo de eventos. Líneas de bombillas encastadas en el techo en nichos cilíndricos iluminan el lujoso interior, tapizado de madera oscura. Los tonos sombríos del auditorio contrastan con la luminosidad de la entrada y el exterior, con muros de color claro y suelo y paredes recubiertos de madera pálida. La zona administrativa está situada al sur del auditorio, mientras que las instalaciones técnicas y las salas de ensayos se encuentran en el sótano.

1 El edificio en su entorno
2 Fachada principal
3 Auditorio forrado de madera
4, 5 Detalles de la fachada
6 Patio
7 Detalle del interior
8 Vestíbulo
9 Detalle del auditorio

3

4

5

6

León, España
2004

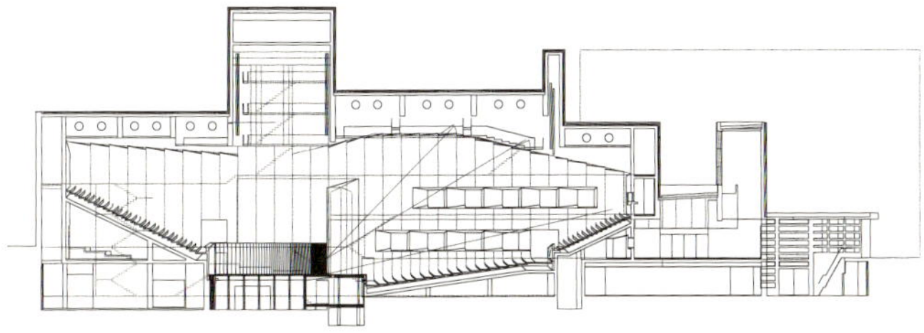

Sección

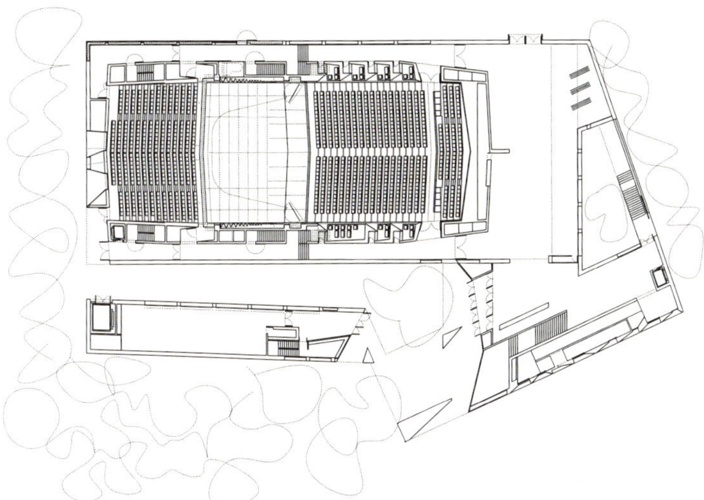

Emplazamiento

7

8

9

Parco della Musica
Renzo Piano Building Workshop

1

2

Roma, Italia
2002

Desde 2002 Roma cuenta con un nuevo auditorio, capaz de competir con el de cualquier otra capital. Tres amplias salas de conciertos aprovechan la ventaja del gran espacio disponible en el norte de Roma para el recinto (55.000 m²). Los tres edificios, interconectados, se agrupan alrededor de un anfiteatro hundido al aire libre. El conjunto es vistoso. Lo contemporáneo se combina con lo antiguo: las cubiertas curvas de plomo de las salas, a modo de armadillos agazapados, planean sobre las bases de ladrillo rojo típicas de Roma, provistas de tiras de mármol.

Hay tres auditorios de capacidad variable y un anfiteatro de ladrillo rojo para 3.000 espectadores. Cada auditorio ha sido diseñado para un tipo de música concreto, y la separación de los módulos facilita el aislamiento de los distintos tipos de sonido. La sala mayor está destinada a acoger a las grandes orquestas y coros; la mediana, a conjuntos orquestales, coros y ballets de menor envergadura, y la pequeña está pensada para conciertos más íntimos, en particular para veladas de música contemporánea. Los interiores están revestidos de madera de cerezo, elegida por sus propiedades acústicas, y las butacas son de color rojo.

La aparición de los restos de una villa romana en el subsuelo retrasó las obras. Al final se decidió incorporar en el proyecto los vestigios antiguos, que pueden verse desde uno de los brazos de enlace con el auditorio de mayores dimensiones, edificio en el que también hay un pequeño museo. Las instalaciones situadas bajo las salas de conciertos incluyen espacios para ensayos, un museo de instrumentos musicales, oficinas, una biblioteca, una sala de conferencias, aulas, salas de reuniones y de estudio, tiendas, restaurantes y cafés. Los espacios comerciales se encuentran en las galerías de metal, cristal y ladrillo de la entrada al recinto. Toda la «Ciudad de la Música», como la denomina su arquitecto, está rodeada de zonas verdes.

1 Anfiteatro central
2 Vista aérea del recinto
3 Auditorio principal
4 El anfiteatro en dirección al auditorio mediano
5 Villa romana englobada en el recinto
6 Detalle del exterior
7, 8 Interiores del auditorio

3

4

5

6

Roma, Italia
2002

7

Alzado norte

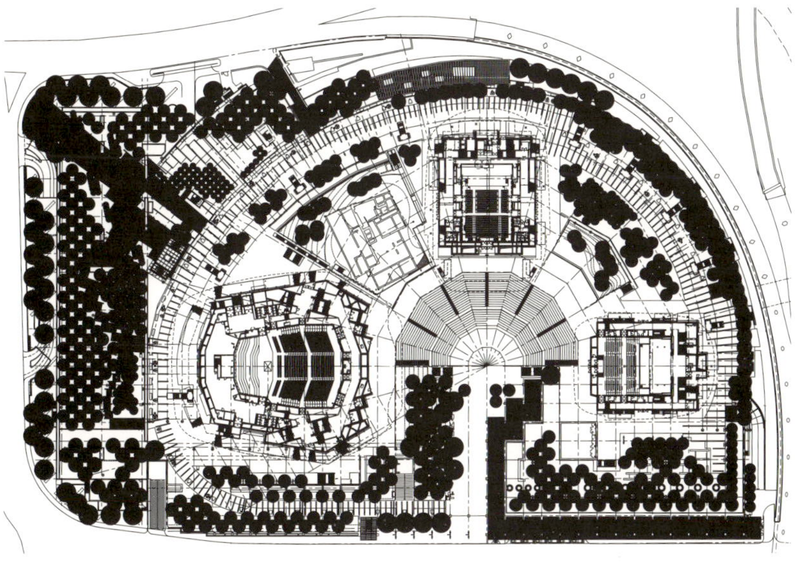

Emplazamiento

8

Residencia de estudiantes Simmons Hall
Steven Holl Architects

1

2

Cambridge, Massachusetts, Estados Unidos
2002

Esta residencia de estudiantes, situada en el campus del Instituto Tecnológico de Massachusetts (MIT), responde al objetivo de esta universidad de cubrir sus áreas de expansión con edificios contemporáneos de arquitectura singular. La residencia ocupa un solar estrecho y largo. Su estilizado diseño permite englobar espacios públicos al aire libre, como un parque cerca de la entrada y zonas de *picnic* a la sombra de árboles en un jardín de la parte trasera y a lo largo de la calle en el lado sur. Concebida como una extensión del entorno urbano, de día esta estructura refleja la luz y de noche brilla desde el interior, creando un foco de actividad estudiantil en lo que antes era un aparcamiento.

El proyecto partió de la idea de que el edificio tuviera el aspecto poroso de una esponja, y por eso su fachada está salpicada de más de 5.000 ventanas. El esqueleto exterior de hormigón está recubierto de aluminio anodizado y cinco grandes aberturas recortan la fachada perforada. Esos huecos se corresponden más o menos con las entradas principales y las terrazas destinadas a actividades al aire libre e interrumpen la red de pasillos a modo de calles con un ensanchamiento inesperado. En su interior están las salas de estar comunes, destinadas a la relación entre estudiantes y caracterizadas por paredes curvas de cemento y formaciones amorfas de yeso. En el exterior, los huecos rompen la monotonía de un bloque que de otro modo parecería uniforme.

La distribución interior incluye instalaciones para uso de los estudiantes, como un auditorio con 125 localidades y un café nocturno, además de 350 dormitorios. Estos últimos están equipados con nueve ventanas útiles, concebidas para proporcionar sombra en verano y permitir en invierno la entrada del sol bajo y su calor. Los marcos y batientes de las ventanas están pintados en hogareños colores primarios que aportan brillo a un edificio por lo demás monocromo. Cinco atrios curvos con chimeneas ocupan la altura de varias plantas y favorecen la circulación del aire en el interior, además de distribuir la iluminación natural de los tragaluces.

1, 2 Fachada sur
3 Zona comunitaria
4 Vista desde el sudeste
5 Detalle de la fachada
6, 7 Espacios para estudiantes

3

4

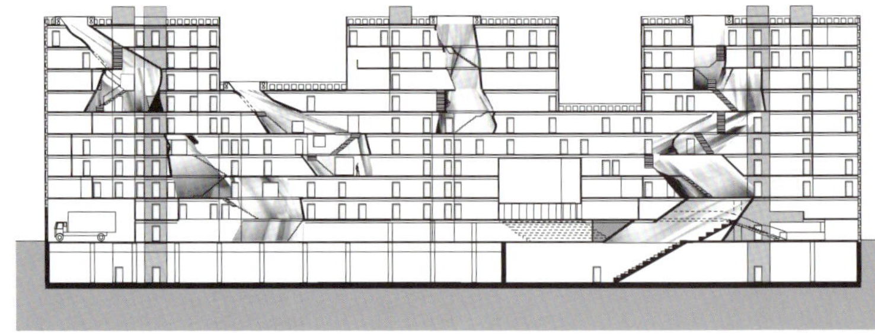

Sección

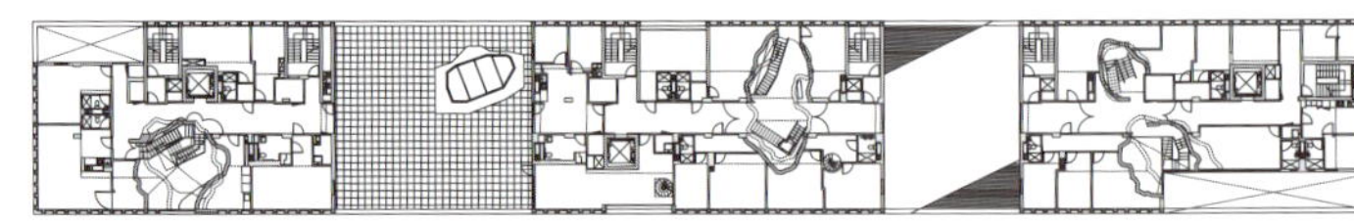

Octava planta

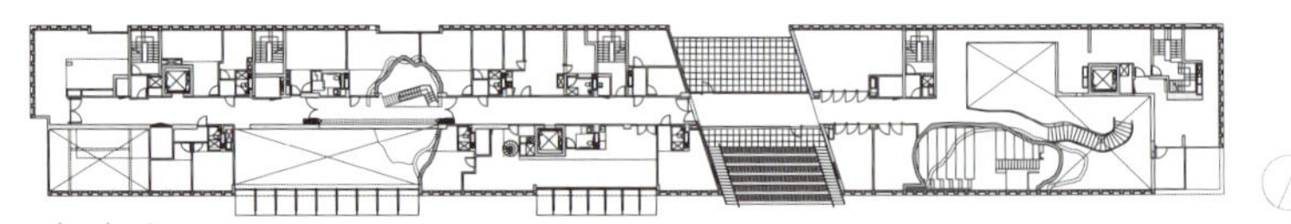

Segunda planta

5

6

Cambridge, Massachusetts, Estados Unidos
2002

7

Terminal internacional del puerto de Yokohama
Foreign Office Architects

1

2

Yokohama, Prefectura de Kanagawa, Japón
2002

Esta terminal de cruceros constituye un revolucionario añadido al segundo puerto de Japón. Por el paseo público dispuesto sobre la cubierta, forrado de madera y césped, desde el aire más parece un parque que un edificio. El proyecto de Foreign Office Architects partió del análisis de la circulación de los pasajeros por la terminal. El resultado fue un diseño que conduce a los viajeros a través de un paisaje escultórico siempre cambiante en el que se desdibujan las diferencias entre interior y exterior.

La vía de acceso de los turistas se divide en tres, con una sección central seguida de una rampa que se eleva hasta el nivel superior y las principales zonas públicas. Las dos calzadas laterales del nivel inferior son las rutas de entrada y salida del aparcamiento. Además, los peatones pueden subir a la cubierta por las rampas para acceder a los vestíbulos de llegada y salida o al salón público situado en el extremo del muelle. Dentro del edificio, largas rampas conectan los distintos niveles.

La estructura prefabricada de acero se asienta sobre un largo espigón de hormigón (400 metros) preexistente y actúa al mismo tiempo de esqueleto y de piel, como el casco de un barco. Esa estructura se construyó en los astilleros y se trasladó hasta el emplazamiento en barcazas. En los voladizos situados a ambos lados del edificio principal pueden atracar cuatro barcos. Los inmensos vestíbulos libres de columnas tienen el techo ondulado de metal trenzado, lo que aún los agranda más a la vista; a los lados se disponen las zonas de aduana, facturación, tiendas y cafés. El vestíbulo ubicado al final del muelle termina en un enorme cerramiento panorámico de cristal cara al mar. La cubierta ondulada refleja la naturaleza cambiante de los espacios interiores, vínculo en el que se abunda mediante la continuidad de los materiales: suelos de madera, escaleras, rampas y paredes inclinadas con barandillas de acero que parecen fluir a través de muros de cristal.

1 Vista desde el nordeste
2 Vista desde el sur
3 Rampa peatonal interior
4 Vista aérea de la terminal
5 Detalle del acristalamiento
6 Pasarelas
7 Aparcamiento cubierto
8 Vista del interior

3

4

5

6

7

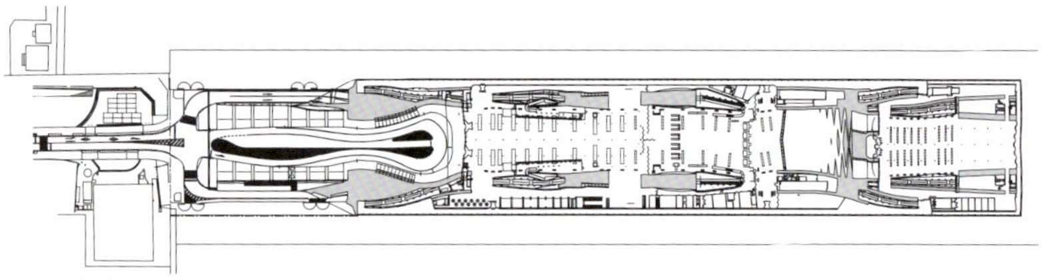
Planta baja

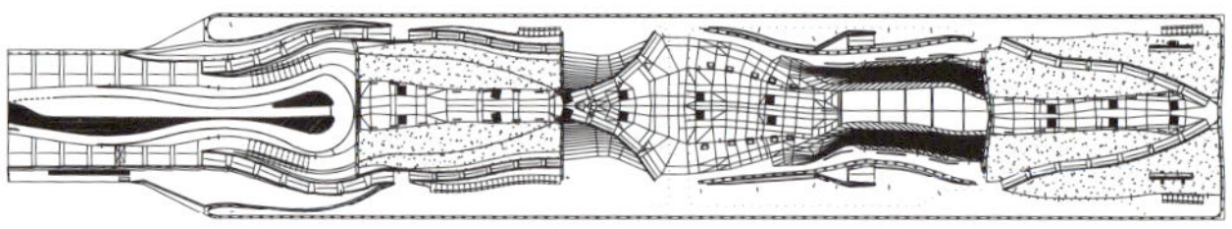
Segunda planta

Yokohama, Prefectura de Kanagawa, Japón
2002

8

Museo de arte contemporáneo Siglo XXI
SANAA

1

Kanazawa, Prefectura de Ishikawa, Japón
2004

Este museo se alza en medio de una zona verde de la ciudad de Kanazawa. El cliente quería un edificio que fuera acogedor e incluyente, y la respuesta, sencilla e ingeniosa, fue un recinto circular con una pared curva perimetral de cristal que permite al público ver lo que pasa dentro, atisbos de la actividad interior que invitan a entrar y explorar.

El museo apuesta por un nuevo modo de experimentar el arte: galerías contenidas en discretos volúmenes centrales, rodeadas de un espacio de tránsito que se extiende hasta la circunferencia y se abre para incorporar los lugares públicos de reunión. Se puede acceder al edificio desde varios puntos de la planta baja, o desde el aparcamiento del sótano, que también alberga almacenes y un pequeño auditorio.

Incorporados en el anillo exterior hay un aula, un estudio de arte infantil, una sala de estar, una biblioteca de arte, una tienda, un café y oficinas. Las paredes de todos esos espacios son de vidrio sin marcos. Para poder acomodar una gran diversidad de piezas de arte de todo tipo de medios, las diecinueve salas de exposiciones tienen formas y tamaños diferentes y el techo a alturas distintas; desde fuera, las más grandes se ven sobresalir de la cubierta plana. La naturaleza flexible del diseño permite que las exposiciones de pago ocupen tantas salas como sea necesario. Entre las galerías se abren cuatro patios acristalados que llevan la luz de día al centro del profundo recinto. La paleta de colores es simple, con estilizadas columnas blancas que soportan el techo, paredes también blancas y suelos de hormigón pulidos y sin pulir.

1 Vista aérea
2 Vista nocturna
3 Entrada
4, 5 Detalles de la fachada exterior acristalada
6 Patio interior

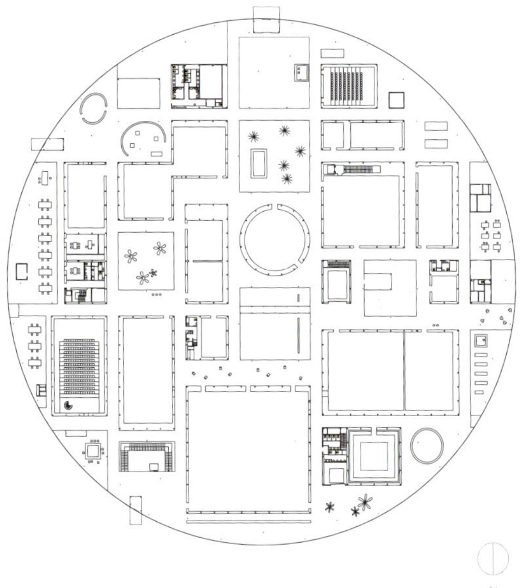

Planta baja

2

3

4

5

6

Estadio de Braga
Souto Moura - Arquitectos

1

2

Braga, Portugal

2003

El estadio de Braga, inaugurado para la copa de la UEFA de 2004, ocupa el emplazamiento de una antigua cantera bajo las colinas de Monte Castro, cerca de la capital eclesiástica de Portugal. Es un enclave inusual, con un abrupto acantilado de granito a un lado y espacio abierto al otro. Este paraje alto y rocoso resultaba idóneo para evitar inundaciones. La estructura responde al paisaje con una forma teatral que domina el entorno, y no tiene parangón entre las instalaciones deportivas por brindar un bello escenario natural al lado del terreno de juego.

Como caso excepcional, no hay asientos en los goles del estadio, sino solo graderías en voladizo de dos niveles en las bandas. Este diseño simplificado mejora la visibilidad desde las gradas y suprime los asientos con peor visión. La gradería nordeste está excavada en la colina y la piedra extraída se reutilizó en la superestructura de hormigón. La gradería opuesta se aleja del terreno de juego con el sustento de pilares semejantes a las costillas de un barco. Aberturas circulares perforan el grueso hormigón para reducir la sensación masiva y dar impresión de transparencia. La parte visible de la estructura y las escaleras tienen un poderoso sentido escultórico. Los canelones libres del borde del tejado conducen el agua de lluvia a los canales de la colina y contribuyen al carácter escultórico del estadio.

La sombra la proporcionan ligeros paneles paralelos de metal trenzado suspendidos de cables tensados que salvan el espacio entre las graderías. El diseño de esta pieza, que brinda una vista translúcida del cielo, se inspiró en los puentes colgantes que los incas tendían en Perú en las gargantas fluviales. El terreno de juego está soportado por columnas de hormigón, y el espacio que queda debajo alberga las zonas de circulación, los aparcamientos y las instalaciones para los jugadores. La luz del día se filtra hasta allí a través de una red metálica dispuesta en el borde del campo.

1 Vista del terreno de juego
2 El edificio en su entorno
3, 4 Detalles de la estructura de hormigón
5 Vista desde el terreno de juego
6 Detalle del emplazamiento
7 Zona de tránsito
8, 9 Escaleras vistas

3

4

5

6

Braga, Portugal
2003

7

8

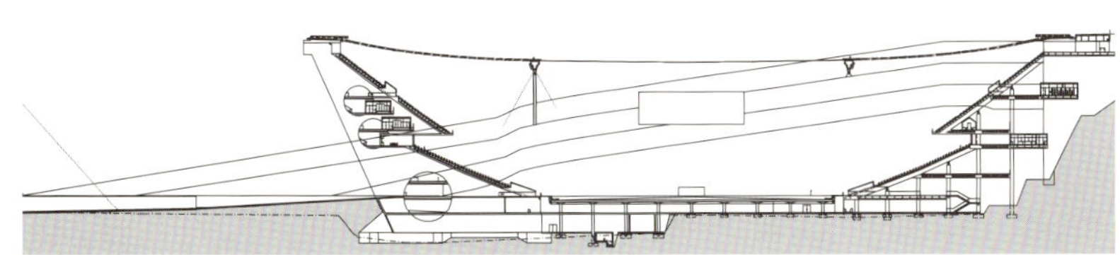

Sección

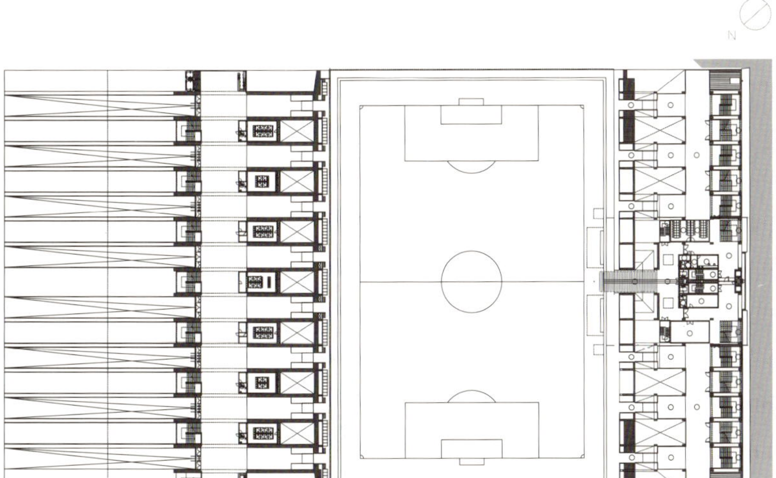

Emplazamiento

9

Museo de ciencias naturales Matsunoyama
Tezuka Architects

1

2

Tokamachi, Prefectura de Niigata, Japón
2003

Este museo de ciencias naturales, situado en una remota región montañosa al norte de Tokio, dispone de espacios expositivos e instalaciones de investigación especializadas en el estudio de la rica ecología local. La región acumula masas de nieve de hasta 7 metros, condición meteorológica extrema que influyó de forma determinante en la configuración del edificio. La estructura, en extremo reforzada y concebida para emular una ruina, debe soportar cargas de nieve de hasta 2.000 toneladas. Su aire industrial ofrece un vivo contraste con las construcciones minimalistas de vidrio y acero que suelen asociarse con la arquitectura japonesa contemporánea.

Por su aspecto exterior, el edificio recuerda a una fábrica, con un cuerpo bajo sinuoso que se adapta a la topografía de las colinas circundantes. En un extremo se eleva la torre de observación, que rebasa incluso los bancos de nieve más espesos. La masa irregular del museo está recubierta de placas de acero que se expanden o contraen en respuesta a los acentuados cambios de temperatura. La elección de este material se debió también a la alteración que sufrirá su color con el tiempo y la pátina de óxido que adquirirá.

La entrada, encajonada en esta armadura provista de textura, da paso a las salas de reuniones y laboratorios, hasta llegar a la sala de exposiciones y un café situado en un tubo blanco sinuoso que recorre el centro del edificio. En los recodos del pasillo, grandes ventanales de grueso material acrílico permiten en invierno contemplar una sección transversal de la nieve. La luz cambiante y los variados colores que se filtran hasta distintos niveles crean una atmósfera inusual. La torre proporciona una experiencia sensorial añadida al ascender las escaleras en una semioscuridad puntuada por una instalación luminosa y acústica alimentada por los paneles solares del tejado.

1 Vista desde el sur
2 Fachada este
3 Entrada principal
4 Vista desde el sudeste
5 Vista hacia la torre de observación
6 Detalle del exterior
7, 8 Espacios de conferencias y exposiciones

3

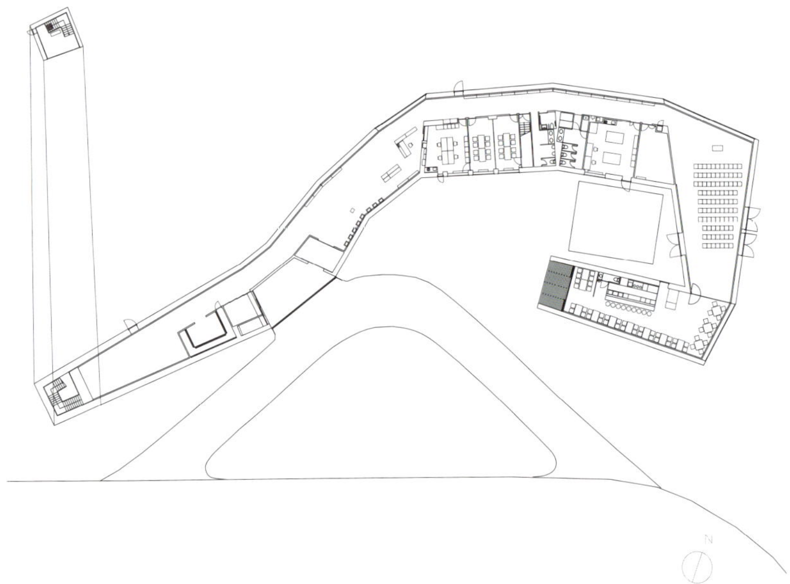

Planta baja con perspectiva axonométrica de la torre

4

5

6

7

8

Centro de arte contemporáneo Lois & Richard Rosenthal
Zaha Hadid Architects

1

2

3

4

Cincinnati, Ohio, Estados Unidos
2003

Este centro de arte ubicado en el corazón de Cincinnati constituye el primer proyecto de Zaha Hadid Architects en Estados Unidos. El edificio, con su fachada de cubos salientes y su plano inclinado que llega hasta la calle, es un típico ejemplo del trabajo de Hadid. Con un diseño destinado a atraer a una gran diversidad de público, incluido aquel que no suele visitar galerías de arte, aporta modernidad y carácter a una calle convencional de tiendas tradicionales y edificios de oficinas.

La fachada está totalmente acristalada en la planta baja y la acera exterior asciende hasta la entrada, situada en el centro, bajo un pórtico en voladizo. En el interior, el suelo del vestíbulo, de techo muy alto, asciende hasta la parte trasera del edificio, donde se curva de forma abrupta para formar la pared posterior. Delante de esta pared, un hueco acristalado cobija las escaleras, que suben en zigzag hasta la planta superior. Desde esta escalera transparente el público puede mirar hacia las galerías, dentro, y la ciudad, fuera. El espacio subterráneo reservado para recitales se percibe a través de unas rendijas practicadas en el forjado del vestíbulo.

Los seis pisos apilados en este estrecho espacio albergan galerías, tiendas, zonas de preparación de exposiciones, oficinas, un centro educativo y un café. Los espacios interiores no responden a un plano repetitivo, sino que se componen de cuerpos entrelazados que juegan con niveles y líneas de visión. Gracias a sus distintos tamaños y formas, las galerías se amoldan a trabajos y exposiciones de diversas escalas. Por fuera, las galerías están cubiertas de hormigón y una lámina compacta de aluminio negro mate, en contraste con las oficinas y las zonas públicas, que están acristaladas. De este modo las oficinas disponen de iluminación natural y en los espacios de exposición se puede controlar la luz.

1 Vista desde el otro lado de la calle
2 El edificio en su entorno
3 Detalle del exterior
4 Atrio interior
5 Detalle del exterior
6 Galería de la planta baja
7, 8 Zonas de paso interiores
9 Detalle de una rampa de escaleras
10 Vista superior de las escaleras
11 Atrio interior

5

6

7

8

9

10

11

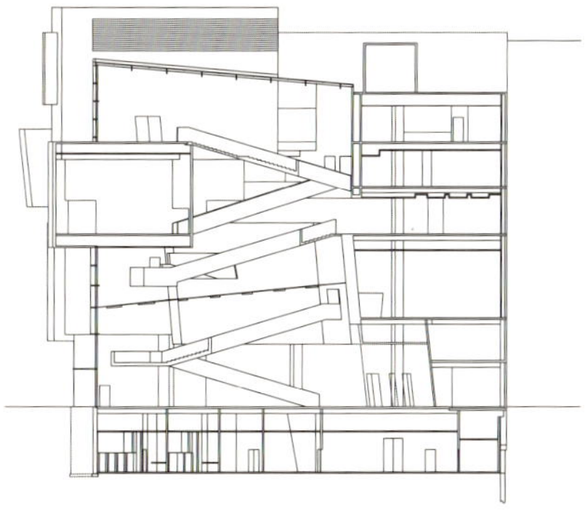

Sección

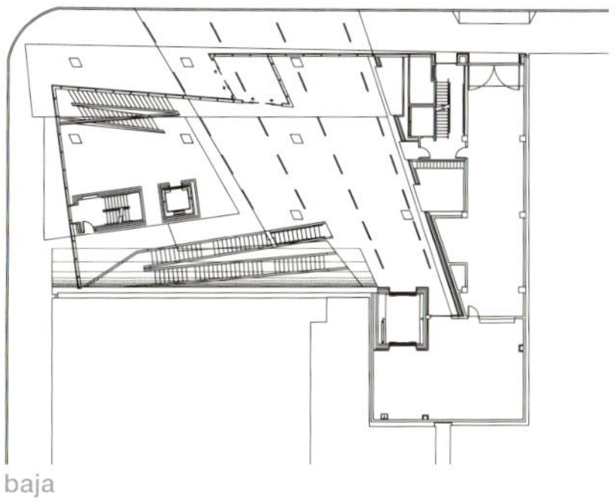

Planta baja

Grandes almacenes Selfridges Birmingham
Future Systems

1

2

Birmingham, Reino Unido
2003

Este sorprendente edificio de formas curvadas y color azul oscuro cubierto de brillantes discos de metal alberga unos modernos grandes almacenes de la cadena Selfridges en el centro de Birmingham. Sigue la pauta del primer Selfridges de Oxford Street, en Londres, que fue muy original en su día, y forma parte del complejo que está sustituyendo al centro comercial Bull Ring, de la década de 1960, con el objeto de estimular la regeneración urbana. Future Systems es un bufete famoso por sus formas orgánicas, que se modelan en plastilina durante las primeras fases de los proyectos.

Los grandes almacenes están situados al final de una de las alas del nuevo centro comercial, al lado de una estación de tren, una iglesia del siglo XIX, una plaza nueva y un aparcamiento de varios pisos. El remache exterior de aluminio está horadado con acristalamientos a ras de suelo y en el espacio reservado más arriba para las ventanas enmarcadas de amarillo. Una pasarela cerrada de vidrio enlaza con el aparcamiento desde una de esas ventanas. En la cubierta hay un restaurante con una terraza en forma de riñón, cuyo centro es el tragaluz del atrio, de la misma altura que las cuatro plantas comerciales y provisto de blancas escaleras metálicas que surcan el espacio.

La estructura del edificio tuvo que superar el reto de sostener un exterior curvo sin salir demasiado cara. Una estructura convencional de acero soporta los pisos, y estos a su vez sustentan la fachada de hormigón proyectado sobre una malla de metal. Esa cáscara de hormigón es lo bastante gruesa como para mantener su forma sin necesidad de una armadura estructural de soporte. Los 15.000 discos de metal fijados a la superficie de hormigón disimulan lo que en esencia es un edificio de hormigón muy innovador.

1, 2 Vistas del exterior con las entradas elevadas
3 Escaleras mecánicas del atrio
4 Vista nocturna del exterior
5 Detalle de la superficie exterior
6 Detalle de la pasarela de entrada

3

4

Birmingham, Reino Unido
2003

5

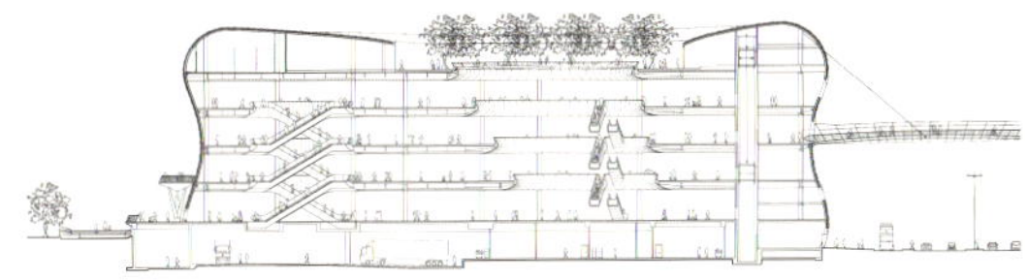

Sección

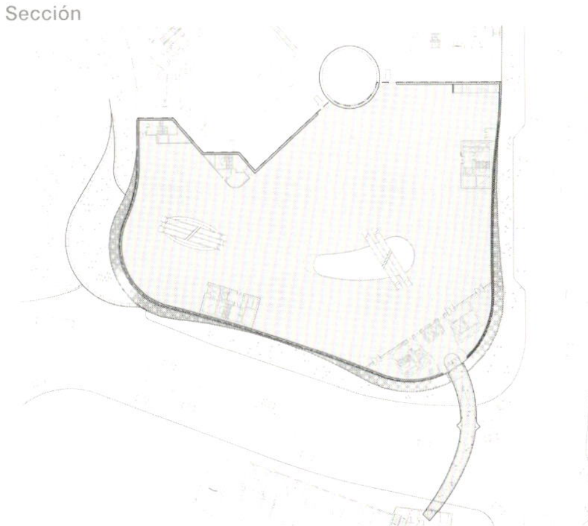

Emplazamiento

6

Walt Disney Concert Hall
Gehry Partners

1

2

Los Ángeles, California, Estados Unidos
2003

Frank Gehry lleva su repertorio de formas en cascada a un extremo de gran efectismo en el Walt Disney Concert Hall, la nueva sede de la Orquesta Filarmónica de Los Ángeles. En marcado contraste con los edificios de oficinas colindantes, acomodados a la cuadrícula de la ciudad, es una masa de acero curvo asentada al sesgo en el centro del solar.

El vestíbulo y los jardines adyacentes están construidos sobre una plataforma elevada en una parcela en pendiente. Una escalera asciende hasta la entrada principal de la esquina, pero la mayor parte del público accede al vestíbulo por las escaleras mecánicas rojas procedentes del aparcamiento subterráneo. La caja rectangular central que aloja el auditorio queda protegida por olas de acero que parecen desprenderse a modo de mondas de las paredes acristaladas. Varios cuerpos menores de aspecto escultórico destacan espacios funcionales: salas de ensayo, un restaurante, un área adaptable para entretenimientos previos al espectáculo, lavabos y zonas de tránsito. La sala del fundador, situada junto a la entrada principal, destaca por su revestimiento de acero más brillante y por sus numerosos pétalos dirigidos hacia arriba. Detrás del auditorio, una sala con capacidad para solo 250 espectadores y una entrada de acero ondulante queda integrada en la estructura de seis plantas del aparcamiento. Encima, sobre la plataforma ajardinada, se asienta un anfiteatro al aire libre.

El auditorio puede acoger a 2.265 espectadores. Balcones y palcos cóncavos y convexos revestidos de pino Douglas albergan asientos de colores vivos. Al fondo del escenario, bajo un ondeante techo de madera, destaca el teatral conjunto de los tubos del órgano. La luz natural entra por las ventanas y los tragaluces abiertos allí donde la disposición del techo lo permite. Los espacios de entre el auditorio y el caparazón exterior alojan las zonas de descanso del público durante los entreactos. Estos vestíbulos y las salas colindantes tienen paredes blancas de yeso y escultóricas columnas de madera.

1, 2 Vistas desde la calle
3 Interior del auditorio principal
4 Vista nocturna del exterior
5 Detalle del exterior
6 Anfiteatro al aire libre
7 Vestíbulo de la sala de conciertos

3

4

5

6

7

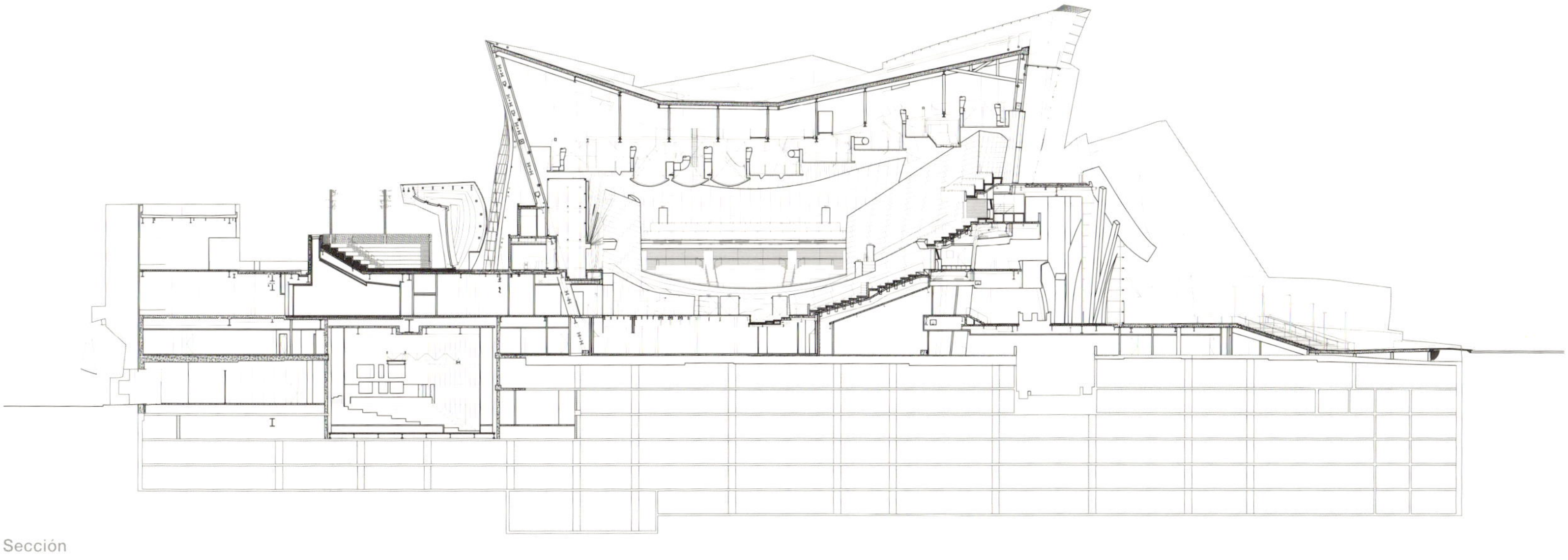

Sección

30 St. Mary Axe
Foster + Partners

1

2

3

4

Londres, Reino Unido
2004

El 30 St. Mary Axe, que se yergue en el barrio financiero de Londres, pertenece a una nueva generación de rascacielos. Apodado *The Gherkin*, «el pepinillo», debido a su característica forma de cono abultado, se ha convertido ya en un símbolo de la capital británica. Por su avanzada concepción ambiental y su alta ingeniería, sigue los pasos de otros edificios de Foster, como el Commerzbank (1997) de Fráncfort, Alemania.

Envuelve la construcción un innovador armazón de acero en celosía diagonal revestido de unos 5.500 paneles romboidales de cristal con marcos de aluminio. Este armazón exterior soporta todo el peso, permitiendo prescindir de columnas en las plantas, con el consiguiente incremento de la adaptabilidad. Atrios triangulares acristalados ascienden en sentido giratorio por el edificio, potenciando la entrada de luz natural. Los atrios finalizan cada seis plantas en un piso no perforado y su base se puede utilizar como sala para reuniones informales. La superficie, de 76.400 metros cuadrados y distribuida en 41 pisos, alberga oficinas, unas galerías comerciales en la planta baja y un bar privado y restaurante en la parte superior del edificio. En esta sala, que brinda una vista de Londres de 360 grados, se encuentra la única pieza de cristal curvo: la lente de la cumbre de la torre.

El factor determinante del diseño fue la conciencia medioambiental. La forma ergonómica reduce las corrientes de aire alrededor de la base y permite la apertura de las ventanas de los atrios. Al perfil se deben también los diferenciales de la presión externa, que obligan al aire a circular en una dirección determinada, lo que permite el funcionamiento de un sistema único que ventila el 40% del edificio de forma natural. El estrechamiento de la base proporciona otra ventaja: en la parte baja el rascacielos parece más pequeño de lo que es y deja espacio para una plaza pública.

1 Vista nocturna del edificio
2 Detalle de la entrada
3 El edificio en su entorno
4 Comedor privado en la planta 40
5, 6 Detalles del acristalado romboidal
7 Entrada principal
8 Espacio de tránsito en el interior

5

6

7

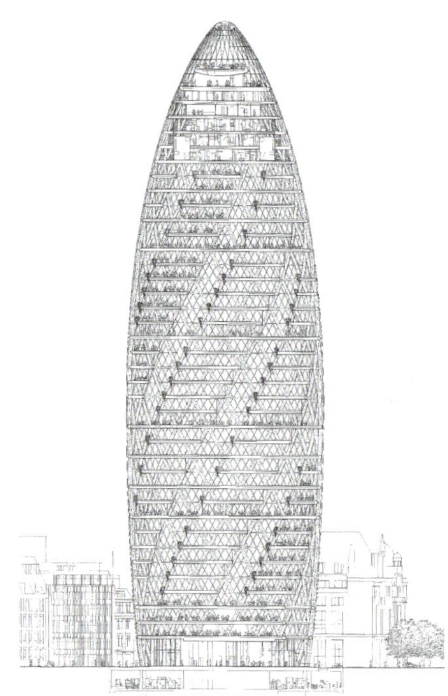
Alzado

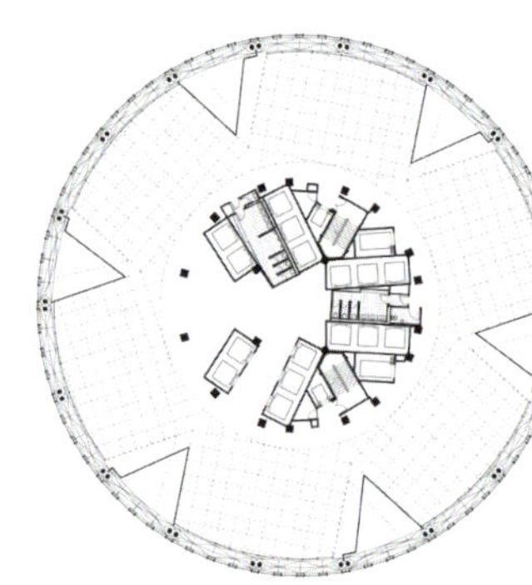
Sexta planta

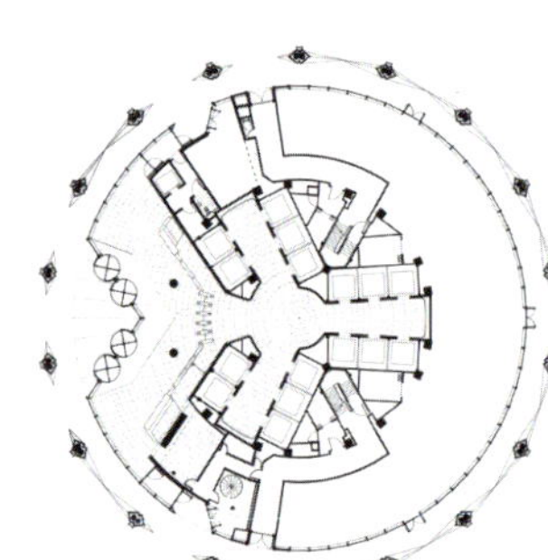
Planta baja

Londres, Reino Unido
2004

8

Centro de arte Casa das Mudas
Paulo David

1

2

Calheta, Madeira, Portugal
2004

El centro de arte Casa das Mudas es una institución cultural polivalente situada en la costa oeste de Madeira, sobre la meseta artificial que corona un cono volcánico de basalto a 180 metros de altura sobre el Atlántico. A primera vista parece una masa inaccesible y después, un entramado de espacios interiores y exteriores a modo de laberinto. El edificio está formado por la intersección de dos bloques de basalto negro local que recuerdan los sistemas de bancales típicos de la zona rural adyacente, donde se encuentra la Casa das Mudas, del siglo XVI.

La superficie pétrea exterior presenta estrías, algunas de ellas invadidas por plantas y las más profundas convertidas en caminos, tragaluces y patios hundidos. El visitante desciende por una rampa hasta un patio central a cielo abierto que da acceso a un restaurante, un museo, una biblioteca, una librería y un auditorio. Una estructura de hormigón combinada con vigas de acero que permiten salvar grandes vacíos sustenta una secuencia descendente de cuatro galerías de doble altura. Enlazan las diversas galerías estrechas escaleras incrustadas en las gruesas paredes que separan los espacios de exposición. Las escaleras desembocan en enormes salas con inesperadas vistas al mar a lo lejos, de modo que se pasa de la sensación de claustrofobia a la de libertad.

La luz natural llega a dos de las galerías a través de las ventanas de la parte superior, que la filtran a los niveles inferiores. Tiras horizontales de cálida luz fluorescente definen el espacio interior, junto con las paredes blancas y los suelos de madera de garapa brasileña. La brillante incandescencia artificial de las barandillas de tubos fluorescentes talladas en las robustas paredes acentúa la sensación claustrofóbica de las escaleras. De noche, la suave luz de las lámparas incrustadas en el basalto alumbra rampas y escaleras, y el patio central resplandece a través de sus paneles de vidrio semiopaco.

1 El edificio en su entorno
2 Cubiertas
3 Atrio principal de noche
4 Punto de observación sobre el acantilado
5, 6 Zonas exteriores de paseo
7, 8 Interior de la galería
9, 10 Espacios interiores de doble altura

3

Centro de arte Casa das Mudas
Paulo David

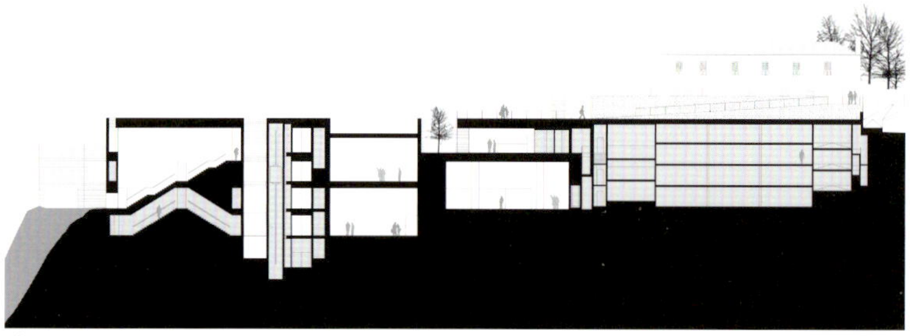

Sección

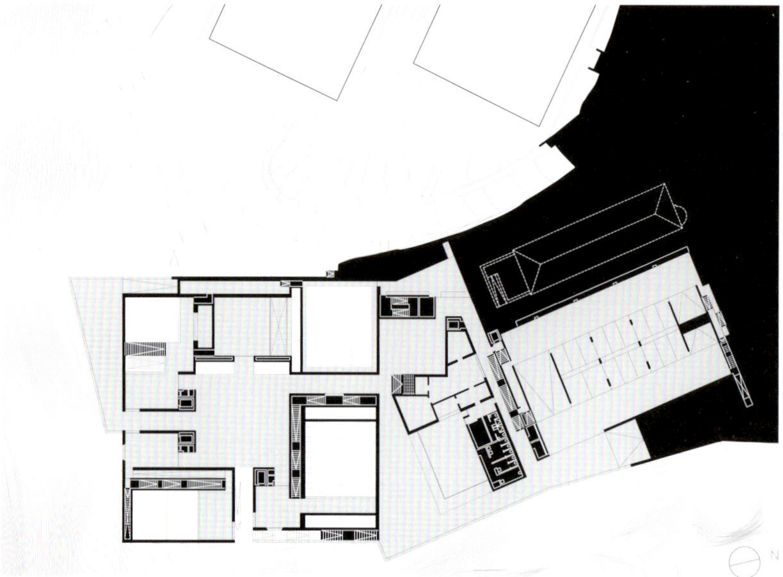

Emplazamiento

4

5

6

7

8

9

10

Museo de arte Chichu
Tadao Ando Architects & Associates

1

2

Naoshima, Prefectura de Kagawa, Japón
2004

El museo de arte Chichu aloja una colección permanente de obras de tres artistas: el pintor impresionista Claude Monet y los creadores contemporáneos Walter De Maria y James Turrell. Se asienta sobre una colina rodeada de salinas en la isla de Naoshima.

El diseño insiste en el tema subterráneo, que Tadao Ando ya exploró en otra galería construida en la isla con anterioridad. En este edificio, toda la estructura de hormigón reforzado está enterrada en la verde colina, perforada por patios a cielo abierto, pasadizos y salas cubiertas con tragaluces, siempre de formas geométricas simples. La ausencia de una superestructura externa produce una desorientación buscada, concebida para animar al visitante a centrarse en las obras de arte. Este juego con las perspectivas, así como el hormigón visto y el cuidado empleo de luces y sombras, son típicos de la obra de Ando.

El visitante se aproxima al edificio por una rampa que conduce a la pared de la entrada. Un túnel lo traslada a través de la colina hasta un atrio cuadrado sumergido cubierto de hormigón y césped. Desde allí asciende una escalera que gira alrededor del perímetro y desemboca en un vestíbulo. Un largo corredor exterior de hormigón enlaza esta entrada y el ala de administración con el nivel más alto de los tres que tiene el ala de la galería. Al final del corredor hay un patio triangular cubierto de piedras toscas, con una serie de salas de la galería en su parte trasera. Las tres obras de Turrell se encuentran en salas intercomunicadas del nivel central, a un lado del patio triangular. En el nivel inferior, en el flanco adyacente al patio, se exhiben las esculturas de De Maria sobre una amplia escalera de hormigón visto, bajo un techo cóncavo ligeramente curvado. Las pinturas de Monet están colgadas en el nivel central, en una sala de paredes blancas y suelos de mosaico del mismo color. Más adelante se disponen, uno encima de otro y con vistas a la colina, un café y la oficina del director.

1 Vista desde el edificio
2 El edificio en su entorno
3 Patio triangular
4 Detalle del corredor de hormigón
5 Patio empotrado
6, 7 Interior de la galería

3

4

Naoshima, Prefectura de Kagawa, Japón
2004

5

6

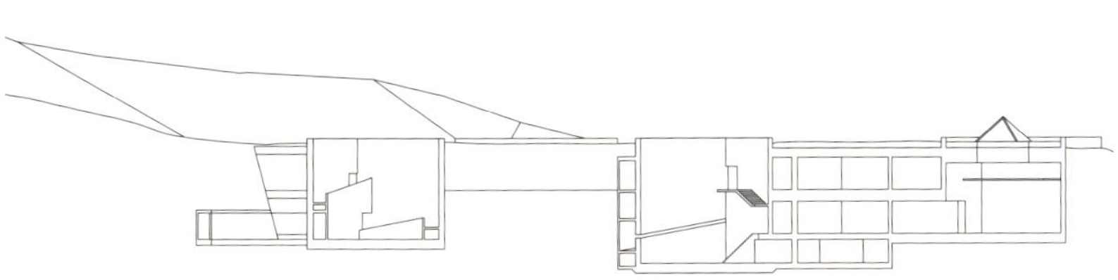

Sección

7

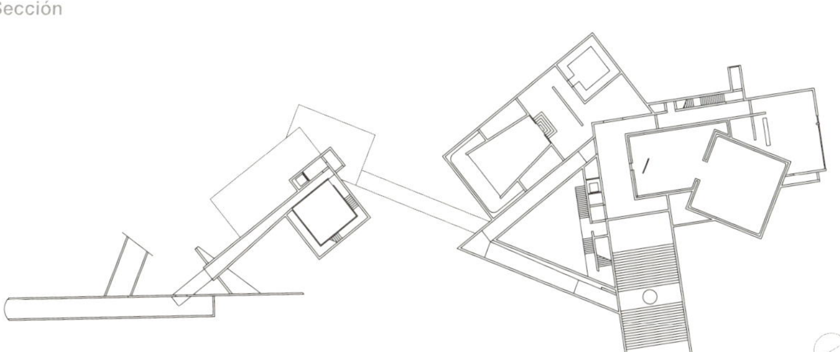

Planta

Galería Henze & Ketterer
Gigon/Guyer Architekten

1

2

Wichtrach, Suiza
2004

Esta tienda de arte y galería polivalente está situada en un curioso solar en forma de campana al sudeste de Berna. Además de un almacén seguro y estable para obras de arte contemporáneo, el edificio alberga una galería en la que se exponen piezas distintas de las de la colección principal del propietario. También dispone de espacio para pequeñas exposiciones temporales. El diseño, inspirado quizás en el espectacular paisaje suizo circundante, yuxtapone translucidez y opacidad en una estructura de tipo cabaña.

El edificio está dividido en tres ambientes: una tienda en el sótano; en la planta baja, una galería con muelle de descarga, y un altillo con espacio abierto de exposición. Un vestíbulo situado cerca de la entrada, con ascensor, escaleras, lavabos y una cocina, conecta los tres niveles y soluciona de forma eficiente la circulación por el interior del edificio con muy poco espacio.

Las ordenanzas urbanísticas locales exigían que el edificio se pareciera a las granjas de los alrededores, con tejado a dos aguas. Los lindes de la parcela motivaron su disposición al sesgo, que aprovecha al máximo el espacio disponible en el difícil emplazamiento y deja cabida para un aparcamiento. La construcción, toda ella de hormigón, está bien aislada por todas partes a fin de mantener una temperatura óptima para la conservación de las obras de arte. La fachada está recubierta de placas de metal, con una capa exterior de paneles azul grisáceo ribeteados y perforados que proporcionan la sombra necesaria a las ventanas al tiempo que dinamizan el exterior. Planchas de metal no perforadas dispuestas sobre la cubierta se doblan formando una cornisa trapezoidal, con lo que generan un vértice triangular suave. El edificio transforma los rígidos criterios impuestos por distintos organismos y regulaciones en una solución arquitectónica eficiente y escultórica.

1 Fachada norte
2 Vista desde el sudeste
3 Interior de la galería
4 Entrada principal
5 El edificio en su entorno
6, 7 Detalles del exterior

3

4

5

Wichtrach, Suiza
2004

6

7

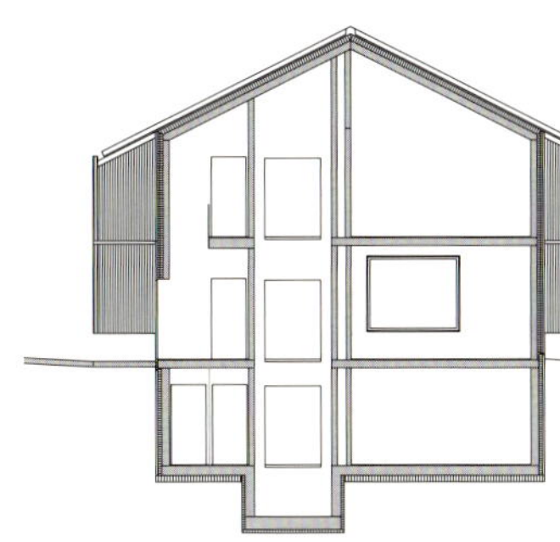
Sección

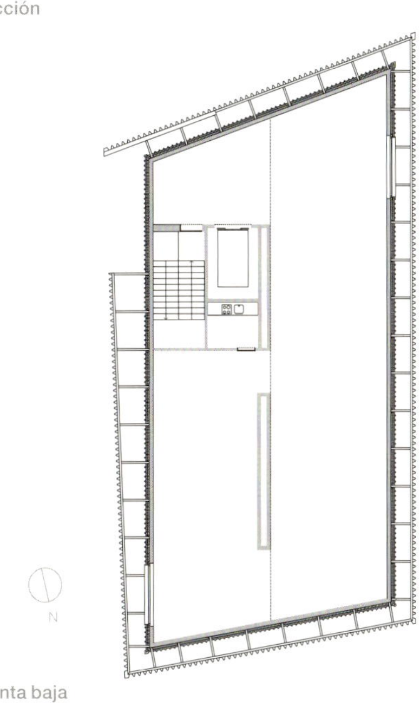
Planta baja

Viaducto de Millau
Foster + Partners

1

2

Gorge du Tarn, Millau, Francia
2004

El viaducto de Millau, el puente más alto del mundo en la actualidad, salva el curso del río Tarn, en el sur de Francia, en un tramo de la autopista que une París con Barcelona cruzando el macizo Central. La antigua carretera descendía serpenteando por la vertiente del valle, situado entre dos mesetas, y atravesaba la ciudad de Millau. Ese complejo trazado provocaba grandes atascos en verano. Tras analizar diversas posibilidades, el arquitecto Norman Foster y el ingeniero de caminos Michel Virlogeux optaron por la solución de salvar los 2,5 kilómetros de anchura del valle mediante una estructura sustentada desde abajo que se curva e inclina a su paso por la garganta.

Siete columnas de hormigón a intervalos de 342 metros y con una altura que oscila entre los 75 y los 253 metros soportan una autopista de dos carriles por sentido con arcén de seguridad a ambos lados. Por encima del nivel de la carretera, las columnas pasan a ser de acero blanco y se elevan otros 90 metros. Para absorber las dilataciones y contracciones de la calzada debidas a los cambios de temperatura, cada columna tiene forma de A por encima de la carretera, y por debajo se divide en fustes más delgados que se vuelven a fusionar en uno solo antes de hundirse en el suelo. A ambos lados de cada columna, once cables tensados se abren en abanico hacia el centro de la carretera para ayudar a soportar su peso. En los flancos, pantallas aerodinámicas transparentes protegen a los vehículos de los fuertes vientos.

Durante la construcción del puente se colocaron entre las columnas grúas de acero provisionales que sostuvieran el peso de las secciones de carretera suspendidas antes de su ensamblaje final. Se trabajó en las siete columnas al mismo tiempo, con arietes hidráulicos y con GPS para garantizar su correcta alineación. Una vez unidas las secciones de la calzada, se instalaron los mástiles y cables y se quitaron los soportes provisionales.

1 El puente en su entorno
2 Vista aérea
3 Detalle de las pantallas aerodinámicas laterales
4 El puente envuelto en nubes
5 Vista desde el fondo de la garganta

3

Viaducto de Millau
Foster+Partners

4

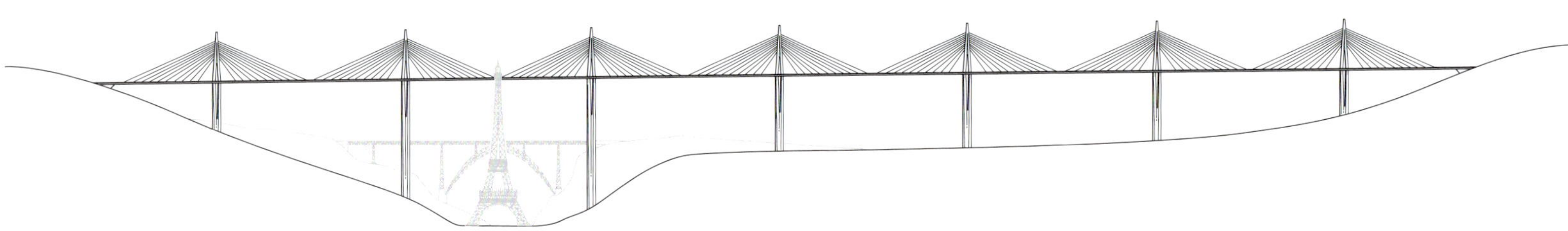

Alzado

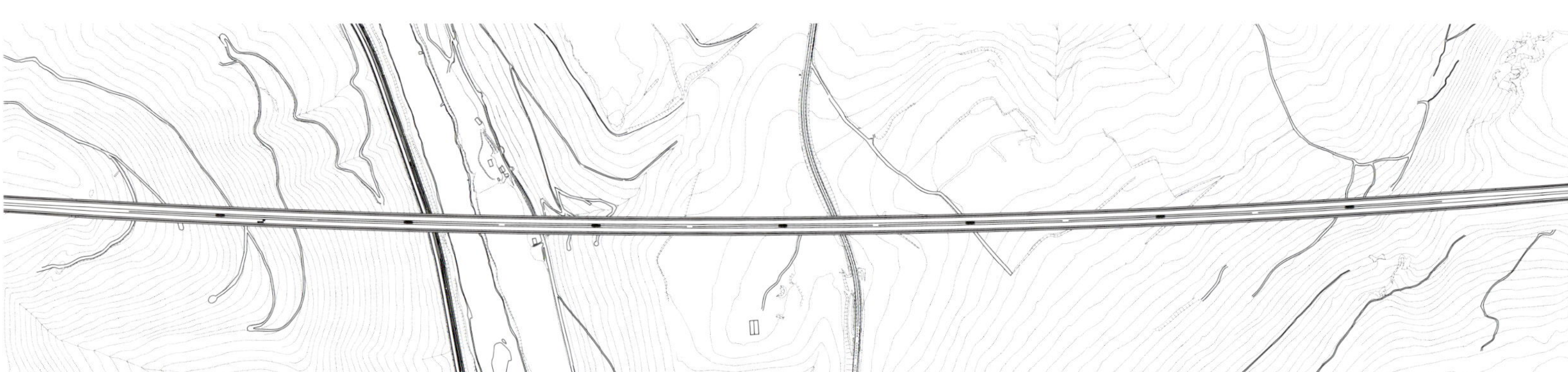

Emplazamiento

Gorge du Tarn, Millau, Francia
2004

5

Parlamento de Escocia
Miralles/Tagliabue - EMBT

1

2

Edimburgo, Reino Unido
2004

El nuevo edificio del Parlamento de Escocia está situado en un solar de 9,9 hectáreas al pie de la Royal Mile, la histórica calle que baja desde el castillo de Edimburgo. El arquitecto catalán Enric Miralles ganó el concurso con un proyecto basado en la relación entre el edificio, su emplazamiento, el país y su gente. La democracia es uno de los temas principales, de ahí la ausencia deliberada de grandiosidad ceremonial y jerarquía. Así lo ponen de manifiesto las formas fluidas de los cuerpos y el uso coherente de materiales de alta calidad de origen local tanto en las zonas públicas como privadas.

Se trata de un conjunto de edificios cuyas estructuras de hormigón, acero y madera laminada trazan una especie de U. La parte occidental del solar acoge un largo bloque con despachos para los miembros del Parlamento. Esos despachos, en forma de celda, tienen junto a la ventana un asiento «para pensar» que penetra en la fachada. En el exterior, tiras de roble y granito protegen las ventanas y crean un motivo repetitivo multicolor y rico en texturas. Al norte, a lo largo de la Royal Mile y junto al edificio Queensbury House, del siglo XVII, se eleva un nuevo bloque de paredes acorazadas a prueba de bombas que luce fragmentos incrustados de piedra escocesa con citas de autores del país grabadas. En la parte oriental de esta pared está la entrada para los parlamentarios, con un cuerpo triangular de hormigón encima.

Una larga marquesina individualiza la entrada pública a un vestíbulo de escultórico techo de hormigón. Encima se sitúa la cámara de sesiones elíptica, tapizada de madera y con un techo soportado por una complicada red de vigas de roble y cables de acero inoxidable. En el centro del complejo, cuatro torres en forma de hoja albergan oficinas y salas acorazadas para comités. Una gran sala con luces encajadas en pantallas de acero inoxidable sirve de punto de reunión de los parlamentarios, al tiempo que aúna los dispares elementos del edificio.

1 Vista desde la zona verde exterior
2 Cubierta acristalada del edificio principal
3 Cámara de sesiones
4, 5 Detalles del exterior
6, 7 Fachadas
8, 9 Vistas del interior
10 Asiento «para pensar» junto a la ventana

3

4

5

6

7

8

9

10

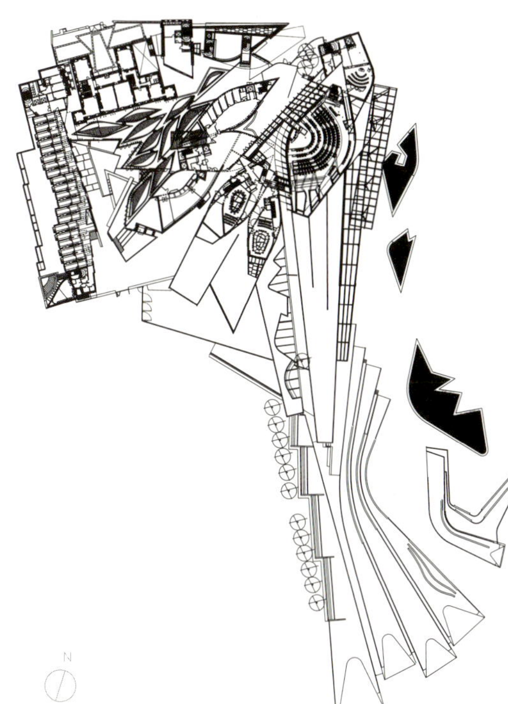

Emplazamiento

Biblioteca universitaria
Wiel Arets Architects

1

2

3

Utrecht, Países Bajos
2004

La incorporación al campus de la universidad de Utrecht, de la década de 1960, de una nueva biblioteca de Wiel Arets aspira a atraer a un público más diverso. En la década de 1980 se trazó un plan para renovar y ampliar el número de edificios de la universidad, y la biblioteca es uno de los muchos elementos del proyecto que ya se han completado. Cuenta con espacio para guardar más de cuatro millones de libros y alberga cinco salas de lectura, un auditorio, un espacio para exposiciones, un café y oficinas. El edificio pretende ser un recurso cómodo y seguro tanto para los estudiantes como para el público en general.

Desde el exterior parece un bloque monolítico inexpugnable. La fachada está recubierta de paneles de vidrio gris con un estampado de aspecto sedoso basado en una fotografía de sauces del fotógrafo holandés Kim Zwarts. Esta especie de piel filtra la luz que penetra y permite ver el interior del edificio. Serpenteantes escaleras introducen a los visitantes en el interior, donde quedan a la vista las distintas funciones del recinto.

Un vacío cavernoso de la altura de las seis plantas alberga cubos de hormigón flotantes destinados al almacenamiento de libros. Esos cubos sustentan plataformas que acogen las distintas salas de lectura. Estas estructuras dividen el interior en varias zonas comunicadas por escaleras y pendientes que componen una bonita mezcla de avenidas estrechas y espacios abiertos. El esquema monocromo del exterior se repite en el interior, con techos negros pulidos y suelos grises brillantes. Se recurre al negro para favorecer la concentración en el estudio dentro de la vasta sala de lectura, cuyo suelo es lo bastante reflectante como para iluminar las mesas blancas con una luz adecuada para la lectura. Los rojos mostradores de recepción, los asientos de la sala y los propios libros aportan los únicos toques de color.

1 Fachada sur
2 Esquina sudoeste
3 Espacio para el almacenamiento de libros
4 Esquina noroeste
5 Sala de lectura
6 Vista a través del vacío central

4

Utrecht, Países Bajos
2004

5

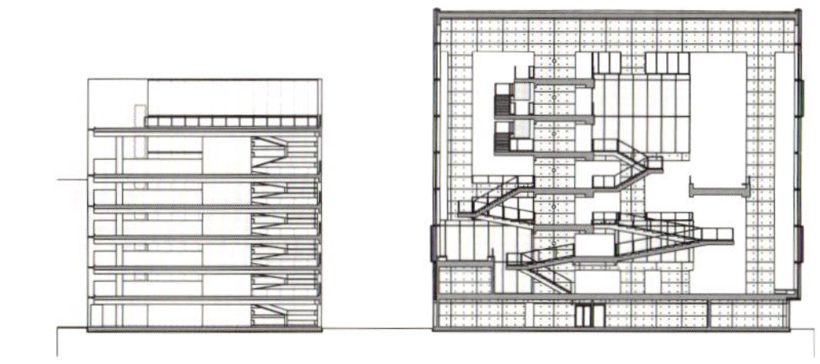

Secciones

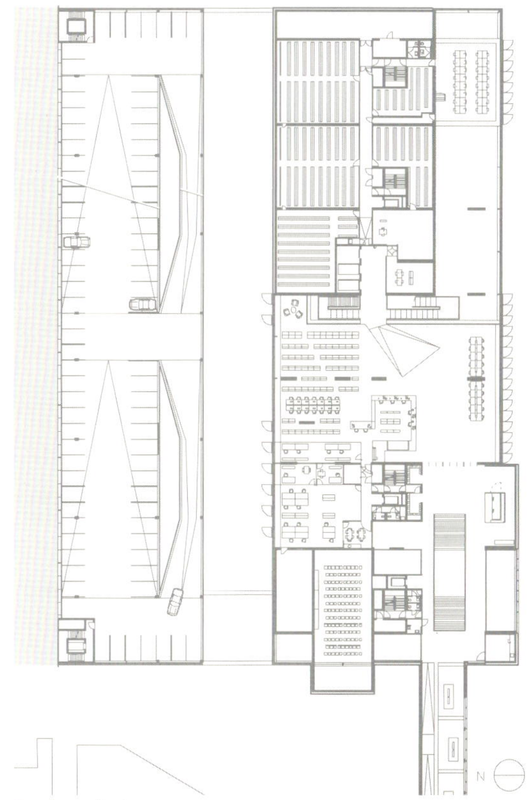

Emplazamiento

6

Allianz Arena
Herzog & de Meuron

1

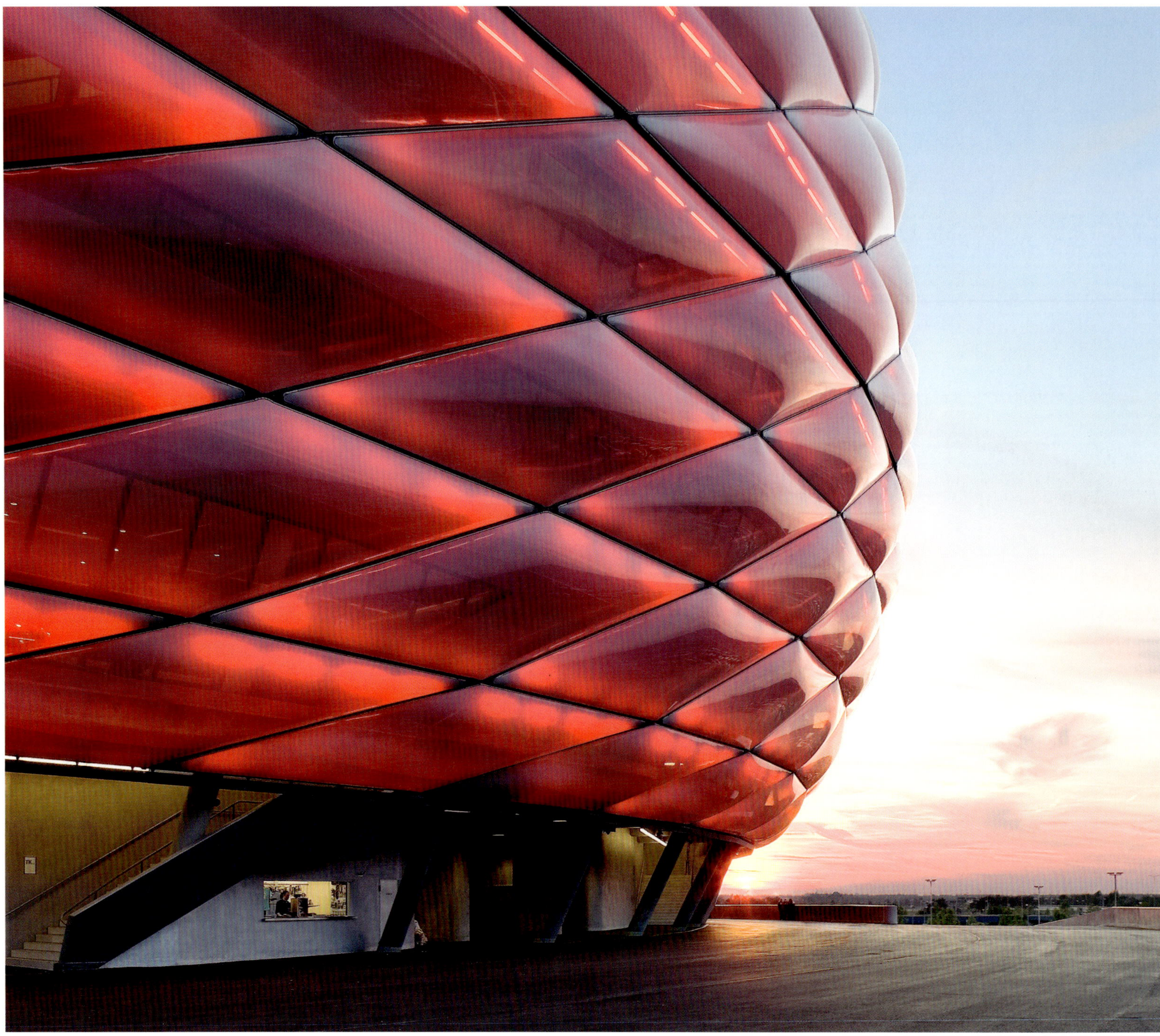

2

Múnich, Alemania
2005

Este estadio de fútbol de 66.000 localidades, situado en el extremo norte de Múnich, es el campo de dos equipos: el Bayern de Múnich y el TSV 1860, que antes compartían el Estadio Olímpico de 1972. Su estructura en forma de burbuja se eleva alrededor de un terreno de juego de césped abierto. La cáscara de plástico que envuelve la construcción permite que cualquiera de los dos equipos se sienta en casa, puesto que se puede iluminar con los colores de uno u otro, rojo o azul, o bien dejar de un blanco incandescente neutro.

El camino hacia el estadio se inicia en las sinuosas calzadas asfaltadas que pasan por encima del aparcamiento subterráneo de varias plantas. El resplandor del exterior iluminado se cuela a través de las gradas, que proporcionan a los aficionados un lienzo gris que animar con sus bandas de colores. A diferencia del antiguo estadio, este carece de la pista de atletismo que separaba del terreno de juego las tres clases de localidades. La progresiva inclinación de las graderías proporciona una excelente visión y una ausencia de jerarquía. La abertura de la cubierta tiene las dimensiones adecuadas para asegurar que llegue al campo la cantidad óptima de luz.

Paneles en forma de punta de diamante de ETFE (etileno tetrafluoroetileno) configuran el aspecto exterior del estadio. Se trata de un plástico que pesa menos del 1% de su equivalente en vidrio. Los cojincillos hinchados, que miden entre 4 y 8 metros de largo y 2 y 4,25 metros de ancho, se sostienen sobre un marco de acero de vigas en voladizo. Tanto este recubrimiento exterior como las localidades se sustentan en la estructura de hormigón que alberga los espacios de tránsito y las salas funcionales.

1 Vista aérea
2 Vista del exterior iluminado
3 Interior del estadio
4 El estadio de noche
5 Aparcamiento bajo las calzadas de acceso
6 Escaleras de hormigón de acceso a las gradas
7 Detalle de la cáscara

3

4

5

6

Múnich, Alemania
2005

7

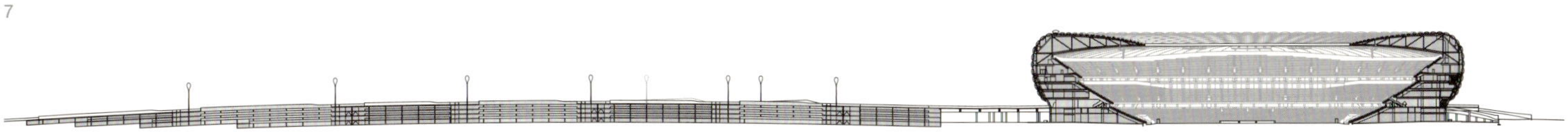

Sección del emplazamiento

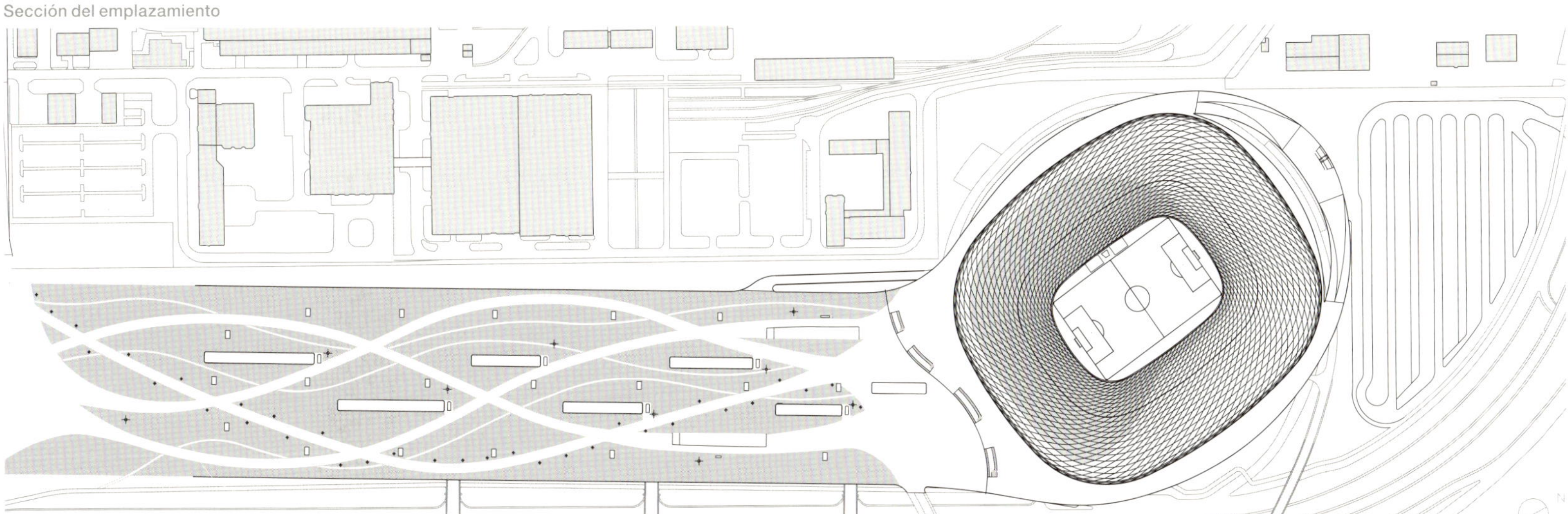

Emplazamiento

Casa da Música
Office for Metropolitan Architecture (OMA)

1

2

Oporto, Portugal
2005

Este auditorio es una masa polifacética de hormigón blanco y cristal, con algunas caras en diagonal, que se asienta en el centro de una plaza ondulante empedrada con travertino rosa. Contrasta con el paisaje del casco antiguo de Oporto, cuyas calles repletas de edificios se expanden a modo de radios desde la Rotunda da Boavista, una gran rotonda con un parque. El edificio es la sede de la Orquesta Nacional de Portugal y punto de reunión para los amantes de la música, tanto clásica como de rock y pop.

Una amplia escalinata conduce a la entrada principal, elevada. Dentro, una escalera forrada de aluminio sube retorciéndose por el espacio anguloso que envuelve el vestíbulo central. Este último se ilumina mediante los haces de luz que se filtran entre las vigas diagonales de hormigón. Una vía continua con escaleras, plataformas y escaleras mecánicas conduce al público por todo el edificio. La ruta enlaza auditorios, salas públicas, espacios de ensayo, vestuarios, estudios de grabación y diversas instalaciones educativas, y desemboca en un restaurante con terraza de baldosas ajedrezadas retraída sobre la cubierta.

Las exigencias acústicas dictaron la forma rectangular de los dos auditorios. Ambas salas de conciertos tienen paredes de vidrio ondulado de doble capa, escogido por su acústica, en la zona limítrofe con la envoltura del edificio y donde lindan con otras salas de interpretación. Se subvierte el concepto de auditorio como caja cerrada estableciendo un vínculo visual entre el público y la ciudad, y entre las distintas salas de conciertos y los espacios destinados a fines sociales. La envoltura del edificio, de 40 centímetros de espesor, y las dos paredes internas del auditorio principal, de 1 metro de grosor, conforman la estructura de soporte principal, reforzada con las placas del suelo. En contraste con la severidad del exterior, el interior es muy colorista, con listones de madera granulada dorada que revisten el vestíbulo principal.

1, 2 El edificio en su entorno
3 Auditorio principal
4 Entrada para el público
5, 6 Escaleras que conducen a través del edificio
7 Vista desde la sala VIP
8 Auditorio pequeño
9 Terraza de la cubierta

3

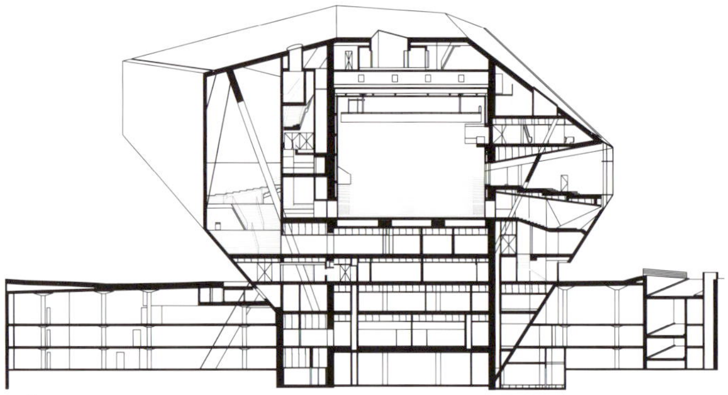

Sección

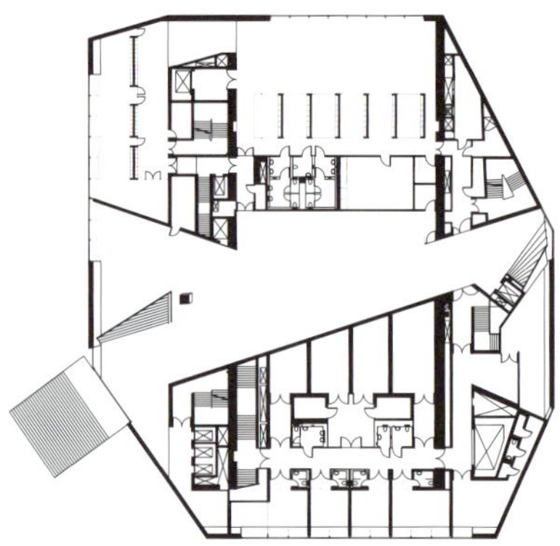

Planta baja

4

5

6

7

8

9

Proyecto Edén
Grimshaw

1

2

Bodelva, Cornualles, Reino Unido
2005

El Proyecto Edén consiste en una serie de invernaderos de ambiente controlado que albergan plantas de todo el mundo. Situado en el sudeste de Inglaterra, sus grandes cúpulas se elevan en una antigua mina de caolín. El diseño original de las cúpulas se basó en el edificio de Nicholas Grimshaw para la terminal del Eurostar en la estación de Waterloo, y debía ser una estructura acristalada de gran amplitud. La irregularidad del terreno motivó el rechazo de la propuesta y la inclinación por cúpulas geodésicas. El resultado es un conjunto futurista inolvidable.

A ambos lados de un edificio de entrada con la cubierta verde, ocho estructuras solapadas en forma de burbuja acogen dos invernaderos o biomas comunicados, uno para plantas tropicales húmedas y otro para especies de regiones templadas cálidas. Las burbujas miden de 18 a 65 metros para acomodar plantas de distintas alturas. Las cúpulas están constituidas por una doble capa de hexágonos hechos con tubos rectos de acero galvanizado, encajados uno en otro mediante nodos de acero colado. El efecto cáscara de las cúpulas interconectadas proporciona estabilidad a la estructura. El revestimiento se compone de almohadillas hinchadas de triple capa de ETFE (etileno tetrafluoroetileno, un plástico de alta tecnología), transparentes y ligeras y que pueden cubrir grandes espacios con un soporte mínimo. De noche las cúpulas se iluminan con luces de colores.

Alrededor de los biomas se disponen varios edificios más pequeños. Al borde del cráter hay dos construcciones con cubierta de aluminio: un centro de información con una pared de tierra prensada y un edificio administrativo. Abajo, junto a los biomas, hay un centro educativo en forma de cascarón con cubierta de cobre con pinchos. Todos los edificios siguen criterios de eficiencia energética y, en la medida de lo posible, están hechos con materiales y técnicas de construcción locales.

1 Vista aérea del emplazamiento
2 Vista aérea con la antigua cantera de caolín
3 Detalle de la estructura de los biomas
4 Biomas vistos desde arriba
5 Cubierta de los biomas vista desde el interior
6 Cubierta del centro de información

3

4

Emplazamiento

5

Bodelva, Cornualles, Reino Unido
2005

6

Monumento a los judíos europeos asesinados
Eisenman Architects

1

2

Berlín, Alemania
2005

Este monumento, largo tiempo esperado, pretende expresar la magnitud y horror del holocausto. Se encuentra en medio de la franja que recorre el centro de Berlín de norte a sur, donde estuvo el muro, y está rodeado de edificios de oficinas, bloques de pisos y un parque. El piélago de estelas grises que se eleva sobre el terreno no deja indiferentes a los transeúntes. El ordenado conjunto de bloques de hormigón que se pierde en la distancia encarna la indolencia del sistema burocrático que propició el holocausto y simboliza a los miles de individuos que sufrieron su brutalidad.

La ordenada trama se compone de 2.700 bloques de hormigón, o estelas, de 95 centímetros de ancho y dispuestos de norte a sur, a una distancia entre sí de 95 centímetros y cada uno de 2,5 metros de largo y con una altura variable de hasta 4 metros. No todas las estelas están en una vertical perfecta, y da la sensación de que algunas se inclinan por la fuerza del viento. El estrecho espacio intermedio obliga a los visitantes a andar en fila india, lo que provoca sensación de soledad y favorece la contemplación silenciosa. La oscilación de las alturas se traduce en un espacio ondulante. Al borde del solar, los monolitos apenas sobresalen del suelo, mientras que en el centro son mucho más altos, el terreno se hunde y las estelas se antojan muy oscuras e imponentes. Las líneas rectas del entramado permiten contemplar la ciudad que se extiende alrededor, pero los sonidos quedan amortiguados, de modo que el espacio invita a la reflexión.

Hay un pequeño centro de información subterráneo en la esquina sudeste. Los techos de las cuatro galerías, con rectángulos a modo de ataúdes empotrados, retoman el leitmotiv de las estelas de la superficie. Un conjunto de paneles luminosos relata la historia de la persecución de los judíos por parte de los nazis, y una base de datos proporciona información sobre individuos afectados por el holocausto. En las estelas al aire libre no hay listas de nombres: los monolitos hablan por sí solos.

1 Detalle de las estelas
2 Vista aérea del emplazamiento
3 Interior del centro de información
4 Detalle de un corredor entre estelas
5 Galería del centro de información
6,7 Paneles luminosos de exposición

3

4

Berlín, Alemania
2005

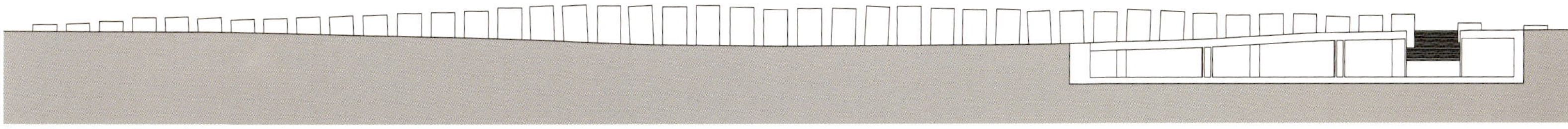

Sección del emplazamiento

5

6

7

Asamblea Nacional de Gales
Richard Rogers Partnership

1

2

Cardiff, Reino Unido
2005

La Asamblea Nacional de Gales ocupa un lugar prominente junto al canal de Bristol, en los antiguos muelles de la bahía de Cardiff, a 1,5 kilómetros del centro de la capital galesa. Este edificio constituye una sorprendente adición que expresa el afán de regeneración e identidad nacional de la ciudad. Pese a su modesta escala —la asamblea cuenta con 60 miembros—, el recinto tiene la presencia de un templo. Su aspecto imponente se debe en parte a que se asienta sobre una plataforma recubierta de pizarra local, que eleva el edificio por encima del horizonte peatonal y favorece la entrada de luz en el nivel inferior, donde se encuentran las oficinas administrativas.

El cuerpo principal consiste en un entramado de acero acristalado, transparente y dinámico que simboliza los valores democráticos de apertura y participación. Domina el edificio el gran tejado de cedro rojo, que cobija tanto espacios interiores como exteriores. El embudo que atraviesa el tejado desciende por la galería pública superior hasta la cámara de sesiones, con el doble propósito de conducir la luz natural a la sala y proporcionarle ventilación. Todos los aspectos del diseño se basaron en requerimientos medioambientales: la masa térmica del pedestal de pizarra regula la temperatura interna y los profundos agujeros taladrados en el suelo actúan como mecanismo de refrigeración.

Al acercarse al edificio, el espectáculo del tejado hinchado y los escalones que remontan la plataforma brinda una admirable entrada. Por desgracia, estrictas medidas de seguridad interrumpen esta grandeza y obligan al visitante a desviarse y pasar por un control al estilo del de los aeropuertos antes de acceder al gran vestíbulo. Este atrio abarca el nivel superior e incluye una zona elevada de observación desde la cual el público puede ver los procesos políticos que se desenvuelven abajo. La cámara de sesiones subterránea es un espacio circular central definido por la forma ciclónica del techo.

1, 2 Fachada principal
3 Cámara de sesiones
4 Plaza pública
5 Cubierta en voladizo
6 Entrada principal
7 Vestíbulo
8 Detalle del techo
9 Vista del techo desde la cámara

3

4

5

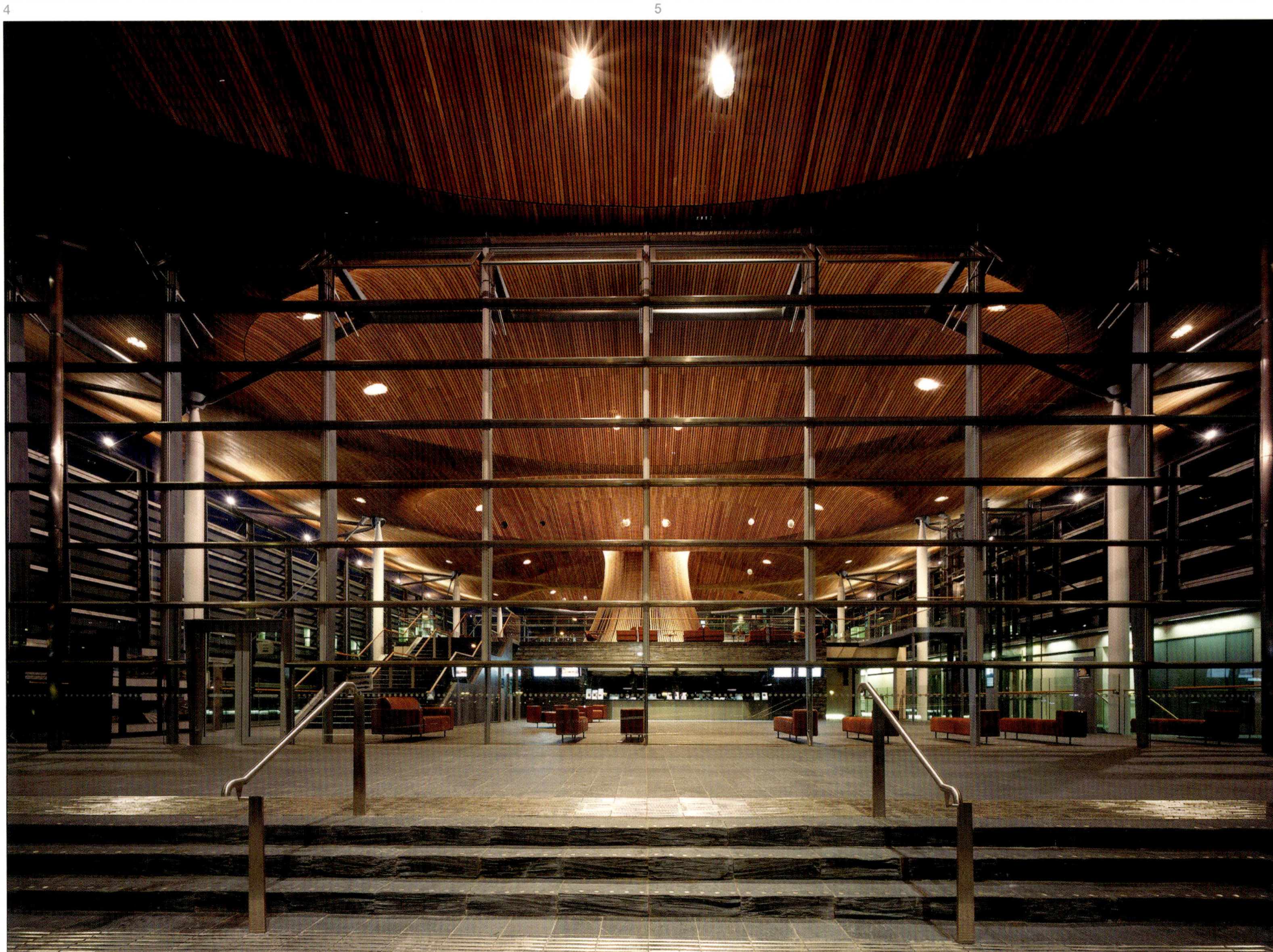
6

7

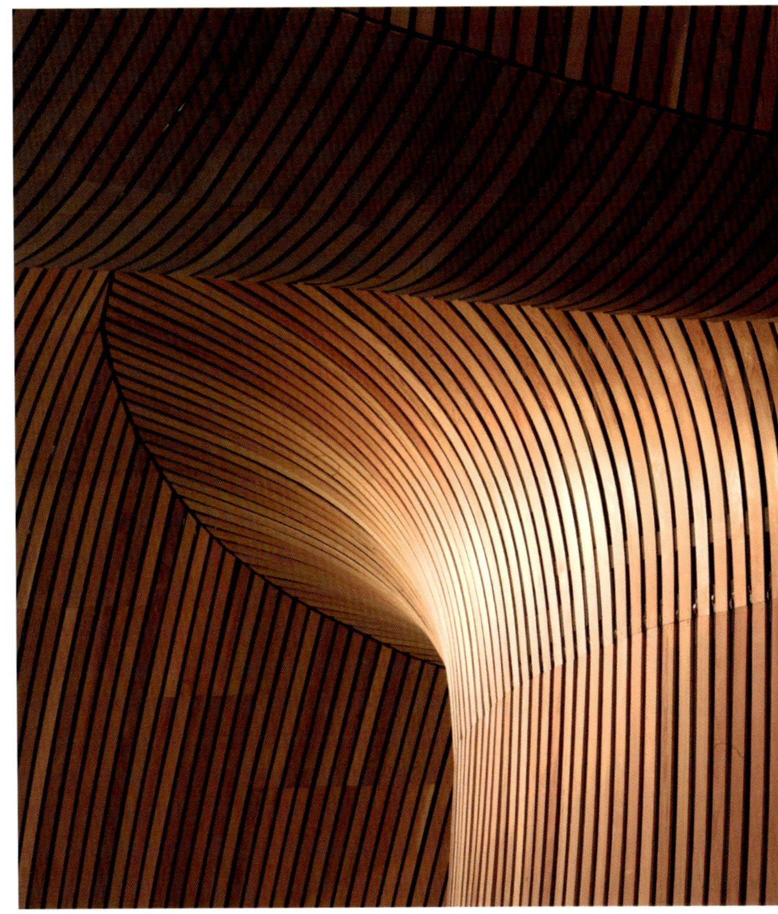

8

9

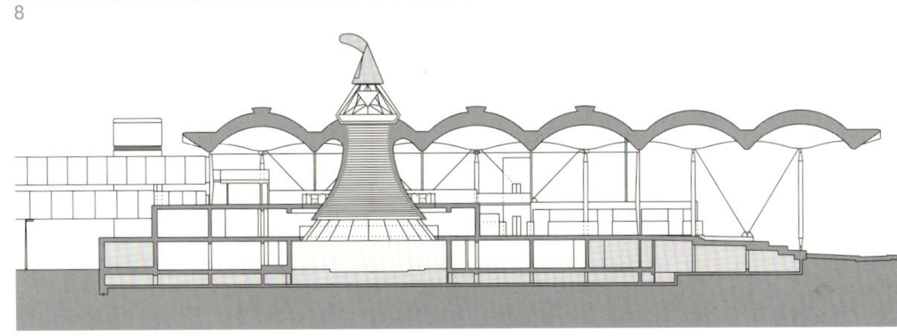

Sección

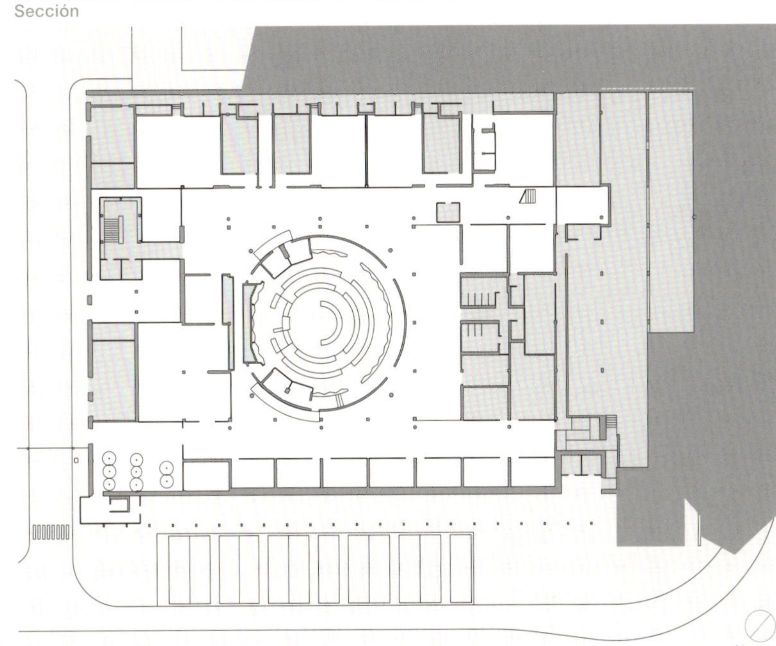

Emplazamiento

Campus Novartis Forum 3
Diener & Diener Architekten

1

2

Basilea, Suiza
2005

Este impactante edificio de oficinas señala la entrada a un nuevo campus de una empresa farmacéutica a orillas del Rin. Para diseñar el vistoso exterior Diener & Diener colaboró con el artista Helmut Federle y el arquitecto Gerold Wiederin. Este lucido aspecto se combinó con un interior planeado a conciencia con objeto de convertir el recinto en un espacio de trabajo excepcional.

Paneles de vidrio de colores cubren por completo el exterior, salvo la pared de entrada de la planta baja, retranqueada unos 8 metros. De la cubierta cuelgan unos tubos de acero cromado a los que se sujetan las abrazaderas que sostienen los paneles de vidrio sin marco, dobles para reforzar su resistencia. Las tres capas de rectángulos de vidrio de distintos tamaños están dispuestas sin seguir pauta alguna. En algunos puntos las placas se solapan, con el consiguiente efecto multicolor, y los ocasionales huecos entre paneles se distribuyen de forma aleatoria por la fachada. Las cuatro plantas superiores tienen balcones, reconocibles por la separación del cristal policromo respecto a la pared interior de vidrio transparente.

En la planta baja hay un vestíbulo central y un salón con salas de reuniones a ambos lados. El salón, con una pared de vidrio que en verano puede quedar abierta, refleja la ética de la empresa al proporcionar un espacio para reuniones informales y para la relajación del personal. Tres escaleras de hormigón sustentan los forjados también de hormigón y el armazón de acero de las plantas superiores, que alojan pequeñas oficinas y grandes espacios abiertos con salas de reuniones y zonas de recreo. Los profundos balcones de las fachadas norte y sur, así como un invernadero al oeste, ofrecen más espacio para oficinas. Los tonos apagados de los materiales interiores, como los suelos de piedra caliza marrón pulida, las tapicerías de cuero beis y los revestimientos de nogal americano, contrastan con el exuberante exterior.

1, 2 Vistas del exterior del edificio
3 Espacio de trabajo interior
4 Fachada este
5 Detalle de una escalera
6 Sala de reuniones acristalada
7 Jardín interior

3

4

5

6

7

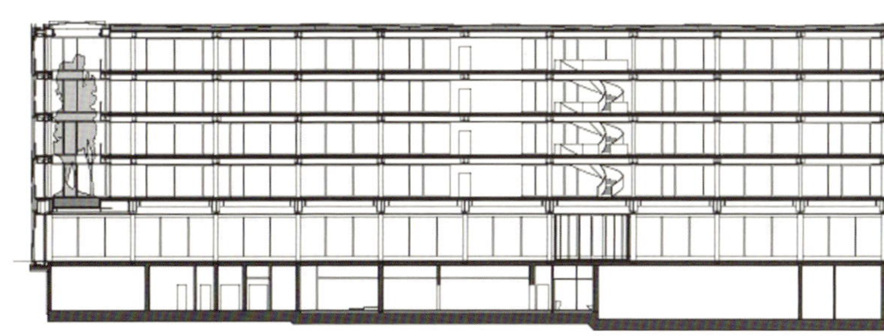

Sección

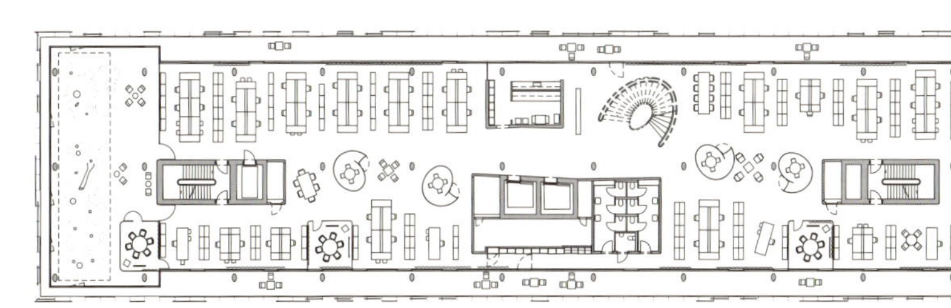

Tercera planta

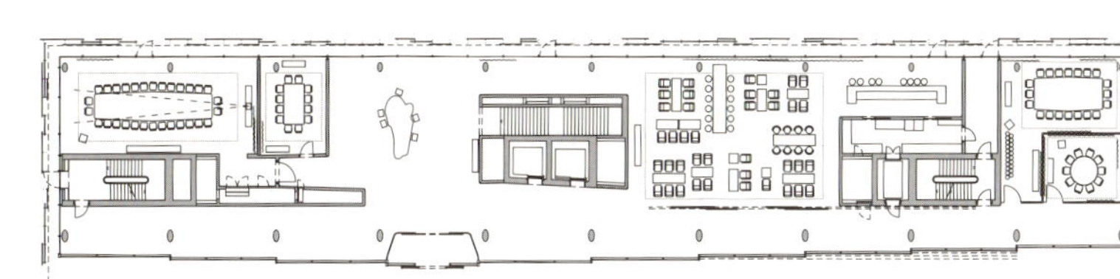

Planta baja

Schaulager de la fundación Laurenz
Herzog & de Meuron

1

2

Basilea, Suiza
2003

El Schaulager, o depósito abierto, es un almacén dedicado a la conservación, investigación y difusión del arte contemporáneo. Este proyecto nada convencional ofrece un amplio espacio de almacenamiento para los fondos de la Fundación Emanuel Hoffmann, que comprenden obras de arte de más de 150 artistas, con piezas de Klee, Dalí y Delaunay; su objetivo principal es ponerlas a disposición de conservadores, estudiantes y licenciados. Construido en el extrarradio de Basilea, este centro extiende la dimensión pública y cultural de la ciudad hacia un nuevo barrio del sur. El diseño, duradero y robusto, combina tecnología innovadora y pragmatismo geométrico suizo.

Por fuera, con sus fachadas de hormigón revestidas de la gravilla extraída para colocar los cimientos, el edificio parece un enorme búnker. El material de estas paredes transmite visualmente los conceptos de solidez y almacenamiento, y su robustez ayuda a la climatización del interior para mantener la temperatura óptima de conservación de las obras. La luz natural penetra por las rendijas abiertas en las pesadas paredes, diseñadas para imitar a gran escala la forma de las piedras desenterradas. Esta especie de caja presenta en uno de sus lados una escotadura que deja espacio para una explanada delante de la entrada. Ante ella se yergue una pequeña garita con cubierta a dos aguas que refleja la arquitectura local, caracterizada por la yuxtaposición de edificios domésticos con grandes naves industriales.

Dentro, el atrio abarca toda la altura del edificio y presenta una sección transversal de los diferentes niveles. Desde el vestíbulo se accede a los espacios para exposiciones temporales habilitados en la planta baja y el sótano, junto a un café, una librería, un auditorio y dos instalaciones permanentes de arte. El techo de alabastro de la cafetería, ondulado como el de una cueva, insiste en la idea de aspecto natural que se persigue en todo el edificio. Los tres niveles superiores albergan espacios flexibles de almacenamiento donde las obras de arte ocupan apretadas celdas de exposición.

1 Entrada de visitantes
2 Vista desde el nordeste
3 Vestíbulo
4 Vista desde el sudoeste
5, 6 Detalles de la fachada
7, 8 Galería y auditorio

3

4

5

6

7

8

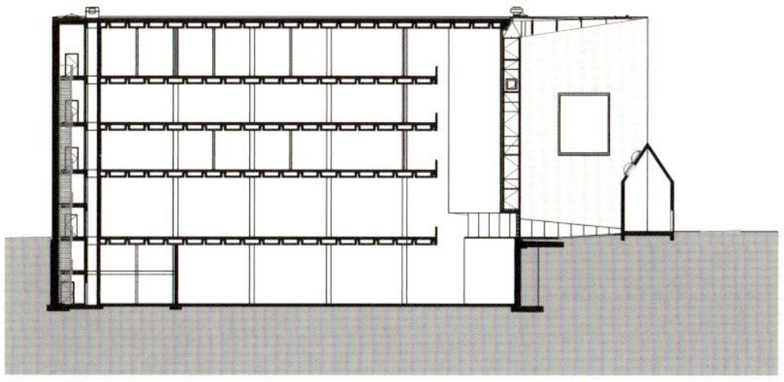

Sección

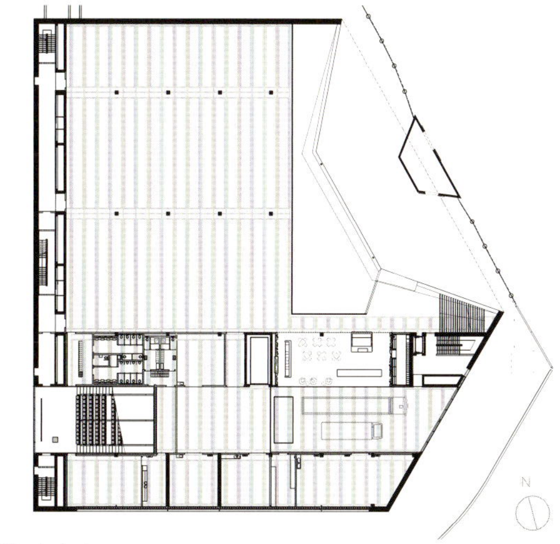

Planta baja

Escuela de navegación y transporte marítimo
Neutelings Riedijk Architecten

1

2

Róterdam, Países Bajos
2005

Esta nueva Escuela de navegación y transporte marítimo se alza junto al puerto de Róterdam, y su diseño resulta muy atrevido para un centro educativo. Parece más bien un bloque de oficinas contemporáneo de aspecto inusual. Pero no es casualidad, ya que la escuela tiene fuertes lazos con la vertiente administrativa de la industria del transporte y el edificio alberga también varias empresas de consultoría marítima.

La escuela está constituida por una torre central de la que sobresalen dos grandes cuerpos horizontales, uno arriba y otro abajo. El cuerpo inferior alberga la mayoría de los espacios comunes grandes, como el restaurante, el pabellón deportivo, la sala de estar y el centro multimedia. La parte vertical tiene una altura de 70 metros y acoge las aulas. Escaleras mecánicas encajadas en huecos de color rojo brillante facilitan el desplazamiento fluido de los estudiantes entre clase y clase. Las aulas se intercalan con zonas abiertas, destinadas al esparcimiento de los alumnos. Las salas y oficinas del personal ocupan las plantas más altas y el cuerpo superior, que sobresale del edificio a 20 metros de altura sobre el restaurante de la planta baja, alberga un auditorio con 300 localidades.

La quebrada silueta del edificio y el patrón de la fachada se inspiran en las grúas y silos del propio puerto. Los cuadrados azules y grises del revestimiento son planchas de acero ondulado que cubren toda la superficie salvo las tiras acristaladas, y dan la impresión de contenedores apilados. Los ventanales de los cuerpos salientes superior e inferior proporcionan vistas panorámicas sobre el río, con el mar al fondo. Estos cerramientos panorámicos son característicos de Neutelings Riedijk Architecten, como lo demuestran el parque de bomberos de Breda y un edificio de oficinas en Ámsterdam.

1 Vista a través del puerto
2 Cuerpo superior en voladizo
3 Auditorio
4 El edificio en su entorno
5, 6 Detalles del interior
7 Escaleras mecánicas
8 Restaurante del cuerpo inferior

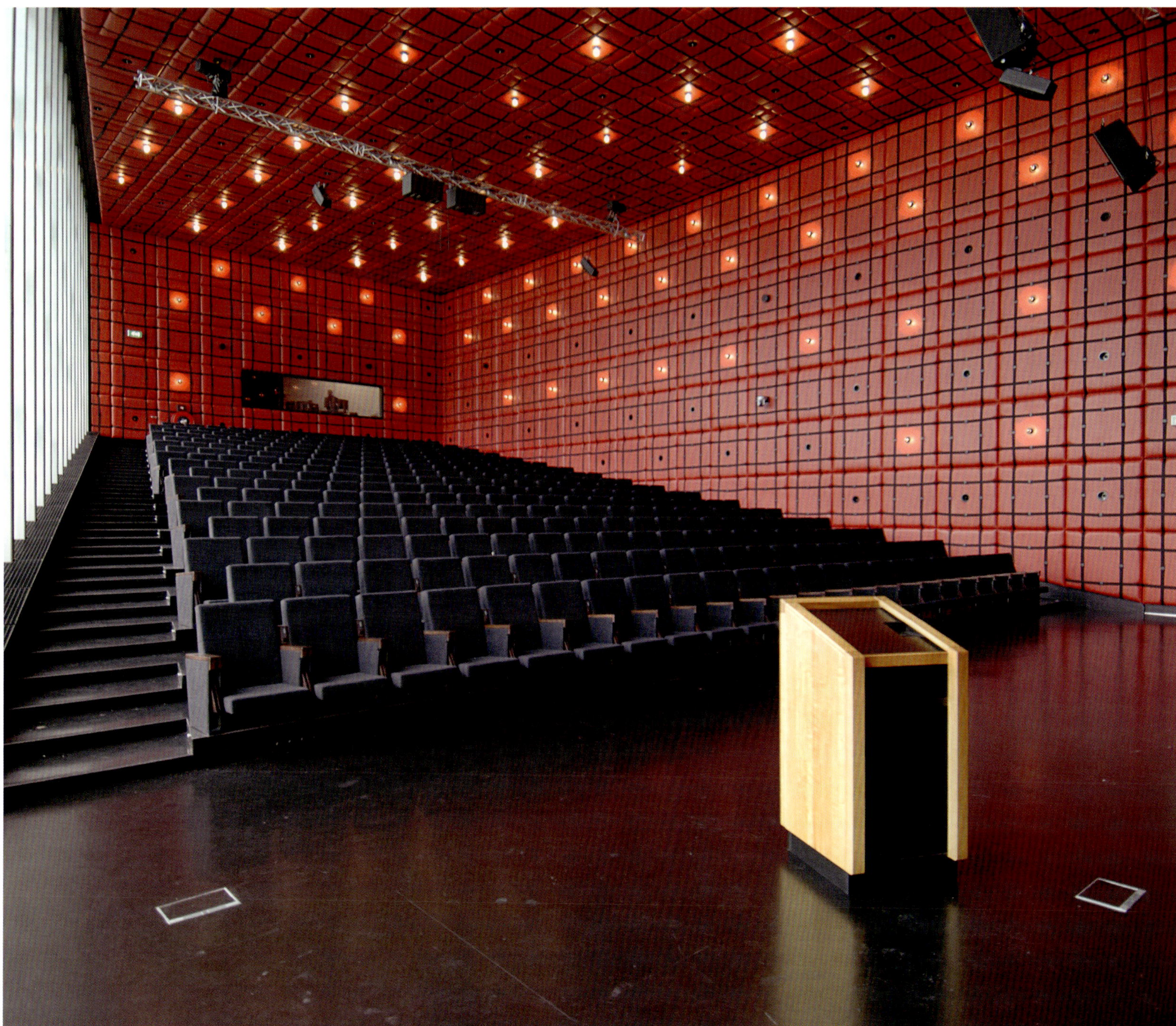

3

4

5

6

Róterdam, Países Bajos
2005

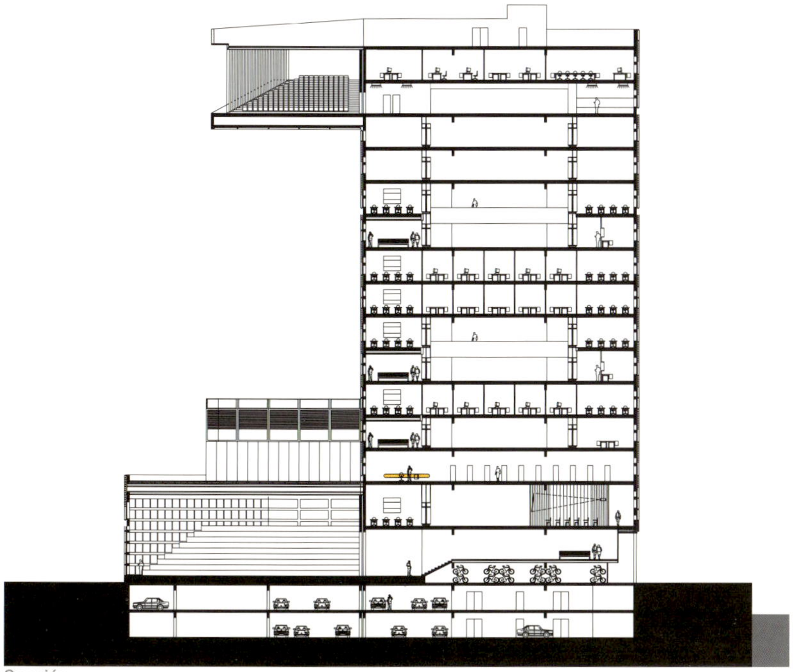

Sección

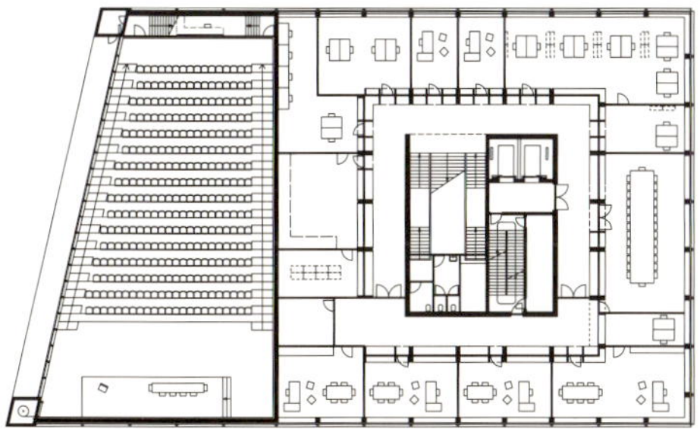

Planta 14

7

8

Terminal 4 del aeropuerto de Barajas
Richard Rogers Partnership

1

2

Madrid, España
2005

Esta nueva terminal dobla la capacidad del aeropuerto de Barajas y sitúa a Madrid entre los principales núcleos de transporte aéreo. El recinto, de más de un millón de metros cuadrados, incluye aparcamientos y un nuevo metro, todo ello concebido para el tránsito de unos 35 millones de pasajeros al año. «Nuestro objetivo ha sido crear un aeropuerto divertido, con mucha luz, grandes espacios abiertos y un carácter muy diáfano», afirmó Richard Rogers. Lo ha conseguido mediante un espacio de mantenimiento sencillo y el techo ondulante de ligero bambú que cubre toda la terminal y el edificio satélite, soportado por una estructura multicolor de acero.

La estructura modular de los dos recintos principales está constituida por vigas de acero en forma de M en el techo, a intervalos regulares y sustentadas en el centro por vigas en forma de Y sobre columnas de hormigón, con dos tubos de acero periféricos en diagonal anclados en el suelo. La cubierta, forrada de aluminio, presenta amplios voladizos en la fachada, donde unos toldos diagonales contrituyen a proteger del sol la pared acristalada. La estructura de acero vista está pintada en una variedad de tonos que van del rojo de un extremo al azul del opuesto, pasando por el amarillo del centro.

En el interior domina la impresión de espacio inundado de luz y sometido a los vaivenes del pálido bambú del techo, con sus focos circulares. La estructura de acero pintada contribuye a la sensación de calidez, y los cambios de color a través del kilómetro aproximado de longitud del edificio favorecen la orientación. Las instalaciones del aeropuerto están distribuidas en seis plantas, tres sobre tierra para pasajeros y otras tres subterráneas para servicios y un tren lanzadera. Las distintas fases del tránsito de los pasajeros —llegada, facturación, control de pasaportes, controles de seguridad y salida— se disponen en secciones paralelas separadas por cavernosos pozos de luz que mantienen la sensación de espacio y luminosidad.

1 Fachada oeste de la terminal
2 Detalle del exterior
3 Zonas de facturación
4, 5 Puertas de embarque de la terminal
6 Zona de tránsito de pasajeros
7 Zona de recogida de equipajes

3

Terminal 4 del aeropuerto de Barajas
Richard Rogers Partnership

4

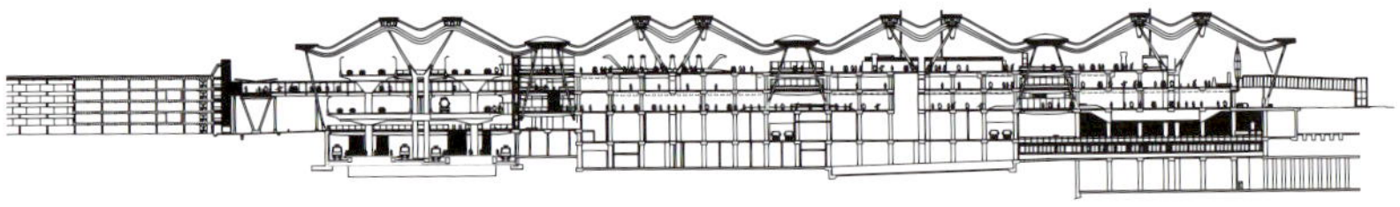

Sección

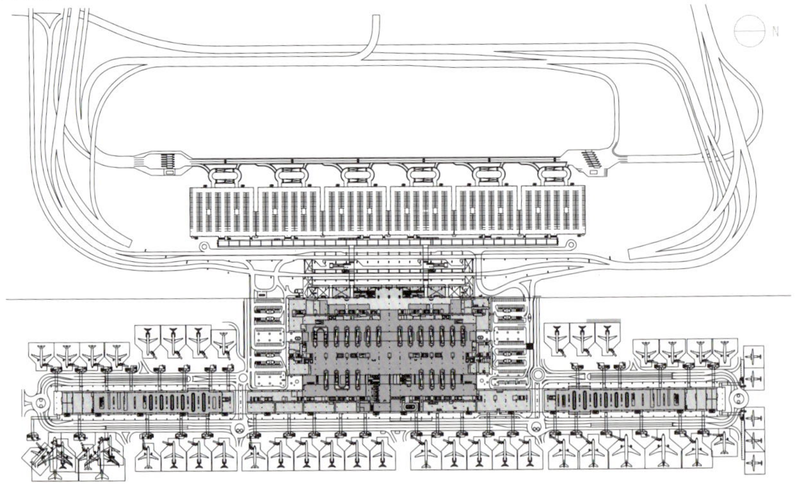

Emplazamiento

5

6

Madrid, España
2005

7

Torre Agbar
Ateliers Jean Nouvel

1

2

Barcelona, España
2005

Esta versión contemporánea de rascacielos, de cristal policromo y hormigón, se eleva sobre las azoteas del centro de Barcelona. La resplandeciente solidez de la Torre Agbar ofrece un contraste sorprendente con la afiligranada Sagrada Familia de Gaudí, el otro vertiginoso emblema de la ciudad. Es un edificio de oficinas que recuerda el 30 St. Mary Axe de Foster + Partners, y su impresionante aspecto y su estructura innovadora lo desmarcan de su entorno.

Por dentro, la torre está diseñada como un espacio de libre flujo, aunque los techos bajos y las pequeñas ventanas crean una atmósfera cerrada que no cuadra con la exuberancia del exterior. Una innovadora estructura de paredes de hormigón reforzado que se estrecha hacia el pináculo sustenta las 35 plantas libres de columnas que rodean el hueco del ascensor, situado en una posición central asimétrica. La forma oval de las plantas favorece una mayor proximidad de los ocupantes a las ventanas, que se concentran en la zona norte, donde la luz del sol es menos agresiva. El interior está recubierto de armarios multicolores que reflejan las pautas exteriores al reaccionar a la luz que se filtra por las restringidas aberturas.

La torre, que eleva su silueta singular sobre una zona urbana tranquila, basa en la idea de un géiser en erupción su forma fluida suavizada por una membrana de celosías. Esta retícula de barras crea sombra y facilita la circulación de aire en el interior, que goza de ventilación natural gracias a las 4.500 ventanas de la estructura envolvente, que hacen innecesario un sistema de aire acondicionado. La superficie está revestida de paneles de aluminio opaco ondulado de color rojo, azul y blanco que producen un efecto difuminado, como de espejismo, evocador de fuego, agua y vapor a fin de potenciar el simbolismo volcánico. De noche, cuando un sinfín de LED convierten la fachada en una pantalla luminosa, el efecto gana teatralidad.

1 El edificio en su entorno
2 Vista desde el norte
3 Vestíbulo
4 Detalle de la fachada
5 Vista de la ciudad
6, 7 Detalles del interior

3

4

5

Barcelona, España
2005

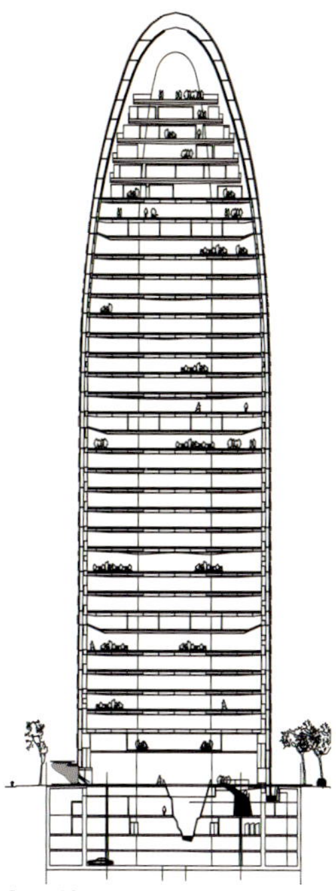

Sección

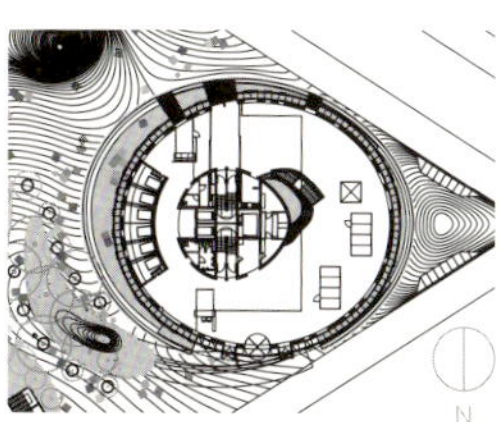

Emplazamiento

6

7

Torre y plaza Woerman
Ábalos & Herreros

1

2

3

4

Las Palmas de Gran Canaria, España
2005

Esta nueva torre residencial y el edificio de oficinas que la acompaña están situados en la estrecha lengua de tierra que une el casco antiguo y el ensanche de Las Palmas con la playa a un lado y el puerto al otro. En lugar de limitarse a un bloque rectangular, Ábalos y Herreros decidieron construir hacia arriba para aprovechar las espectaculares vistas que depara un punto de observación elevado. Es un edificio que se expande hacia arriba y hacia un lado para conectar con su entorno, lo que no resulta demasiado habitual en una construcción de semejante altura.

El conjunto incluye dos bloques. El edifico de oficinas, de siete plantas, ocupa la zona norte del solar y la torre, de 16 plantas y 60 metros de altura, se eleva en la parte sur. En medio se extiende una plaza pública pavimentada con piedra portuguesa. La primera planta en saledizo de la torre y el retranqueo de la planta baja del edificio de oficinas ofrecen la sombra necesaria, y las palmeras hacen las veces de paredes orgánicas en los expuestos flancos este y oeste. Ambos edificios tienen todas las fachadas acristaladas, con marcos de metal oscuro y persianas, y sus colores y formas derivan de la naturaleza, como los paneles de vidrio amarillo verdoso con estampados de plantas dispuestos aleatoriamente o las esquinas de cristal redondeadas. El toque definitivo del exterior viene dado por la inclinación de las dos plantas superiores, que parecen asomarse a la plaza.

Los arquitectos querían diseñar apartamentos en los que ellos mismos pudieran vivir a gusto, y de ahí los techos altos, las vistas a la ciudad, el mar y las montañas, las sombras proyectadas por las persianas y las ventanas tintadas. La estructura central de hormigón se refuerza mediante estilizadas columnas pintadas de blanco en el perímetro, justo al lado del acristalamiento. El efecto general es el de un exterior refulgente que encaja a la perfección con su entorno.

1 El edificio en su entorno
2 La fachada vista desde la planta baja
3, 4 El edificio visto desde la calle
5 Fachada sur
6 Vista desde la playa
7 La base de la torre de noche
8 Ático del edificio residencial
9 Detalle del exterior

5

6

7

8

9

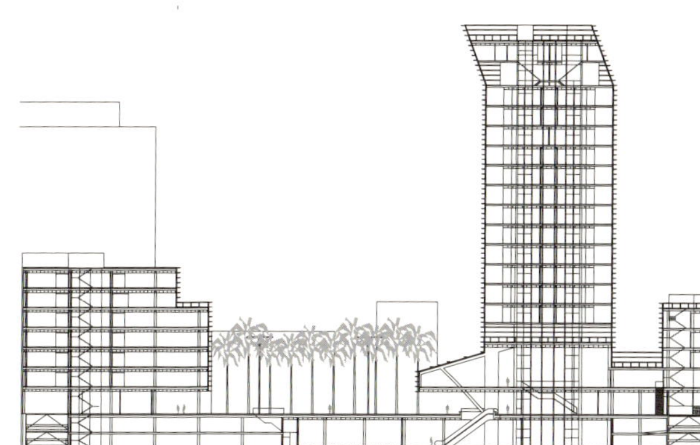

Sección

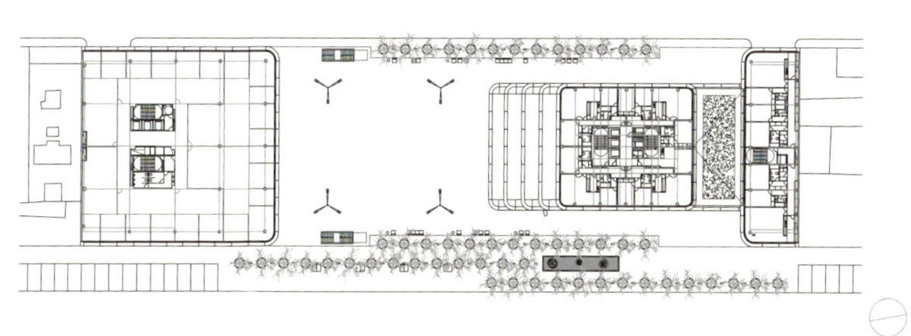

Emplazamiento

Tienda de Freitag
Spillmann Echsle Architekten

1

2

3

4

Zúrich, Suiza
2006

La nueva tienda de Freitag es una ingeniosa herramienta de mercadotecnia que, en línea con la ética de la compañía, reutiliza materiales, en este caso contenedores portuarios. Situada en Zúrich, la ciudad natal de los dos hermanos fundadores de la empresa, está bien comunicada por medio de algunas de las principales carreteras y vías férreas de la ciudad. También los productos de la empresa son reciclados: bolsas hechas de lona de camiones desechada, cámaras de aire de bicicleta y cinturones de automóvil. Uno de los dos hermanos tuvo la idea de este proyecto cuando vivían en un piso junto a la misma ruta de camiones que ahora se ve desde la tienda.

El edificio consta de 17 contenedores estándar de 6 metros de longitud, seleccionados en el puerto de Hamburgo y transportados a Zúrich en ferrocarril. Están apilados de forma asimétrica, en una torre de 25 metros de altura formada por nueve contenedores que se elevan desde una base de cuatro por dos. La entrada acristalada y las cuatro grandes ventanas dispuestas a un lado de la torre permiten la visión hacia dentro y hacia fuera del edificio. Unas escaleras de acero ascienden por la estructura hasta la atalaya de la parte superior de la torre, que depara espectaculares vistas de la ciudad, el lago y las montañas al fondo.

Los contenedores están apilados y enlazados mediante elementos de anclaje propios del transporte marítimo, algunos ligeramente modificados. Suelos de madera dura de 28 milímetros de espesor cubren las bases de los contenedores de los niveles inferiores, aportando un plus de peso que contribuye a bajar el centro de gravedad del edificio. Para el aislamiento frente a los fríos inviernos suizos se emplea vidrio reciclado. La estructura tendrá una vida de entre cinco y diez años y, cuando desaparezca, solo quedarán en el terreno unos superficiales cimientos de hormigón.

1 El edificio en su entorno
2 Detalle de la estructura de contenedores
3 Vista del exterior
4 Interior de la tienda
5 Vista nocturna del exterior
6, 7 Detalles de la tienda
8 Detalle del extremo acristalado de un contenedor
9 Atalaya

5

Zúrich, Suiza
2006

6

7

8

9

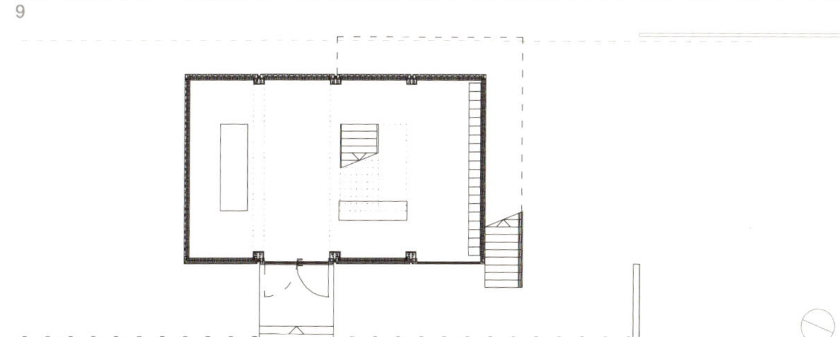

Planta baja

Tanatorio municipal Meiso no Mori

Toyo Ito & Associates, Architects

1

2

Kakamigahara, Prefectura de Gifu, Japón
2006

Este tanatorio laico está situado en un bello y sereno enclave, junto a un lago y rodeado de colinas boscosas. La característica más impactante del edificio es su cubierta blanca ligeramente ondulada, evocadora de nieve sobre colinas. Unas columnas que se estilizan hacia abajo sustentan la cubierta, con la que se fusionan sin costuras. Da la impresión de que el edificio forme parte del paisaje, tema que Toyo Ito ya había explorado en otras construcciones, como el Proyecto I en Fukuoka.

Los 20 centímetros de hormigón reforzado que componen la cubierta se diseñaron con ayuda del ingeniero Mutsuro Sasaki, quien se sirvió de un modelo informático para determinar la forma más eficiente de tapar con una sola cubierta un conjunto de espacios interiores de altura variable. Las paredes estructurales de la parte posterior del edificio y las doce columnas cónicas, que incorporan canalones ocultos o a la vista, proporcionan un soporte que parece ajeno a cualquier esfuerzo.

Las dos plantas de la parte trasera, blancas como la cubierta, alojan el crematorio. Detrás, en la fachada sur, hay un acceso directo para vehículos y personal. Junto a esta caja blanca, otra revestida de mármol alberga los espacios destinados a las ceremonias y las oficinas. Un estilizado brazo alberga un tercer bloque (embuchado en el estrecho espacio comprendido entre la colina y el lago) que contiene velatorios. Estos recintos, cada uno con su función, están rodeados de espacios de tránsito y zonas con asientos, y todo el conjunto se circunscribe al perímetro acristalado cubierto por la ondulante línea de la cubierta. La entrada pública principal está en la fachada oriental, donde la cubierta sobresale para proporcionar cobijo a los coches. Detalles como la base curva de la pared de mármol travertino allí donde confluye con el suelo de travertino y la curva de la pared blanca del crematorio allí donde se une con el techo blanco enlazan los elementos verticales y horizontales.

1 Fachada noroeste
2 Detalle de la estructura de la cubierta
3 Zona con asientos
4 Detalle de la cubierta
5 Entrada principal
6, 7 Vestíbulo y recepción acristalados

3

4

5

Kakamigahara, Prefectura de Gifu, Japón
2006

6

7

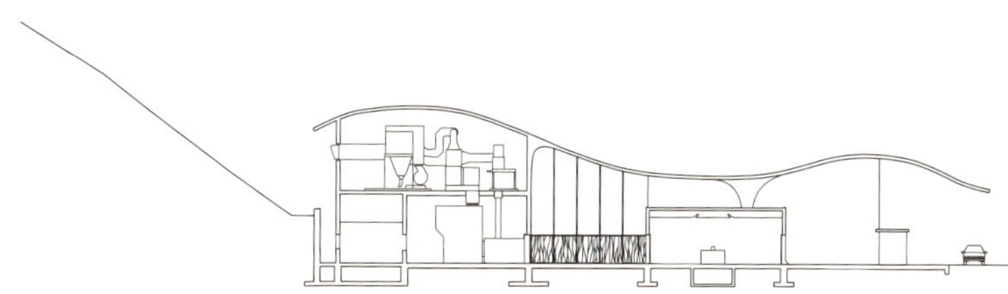

Sección

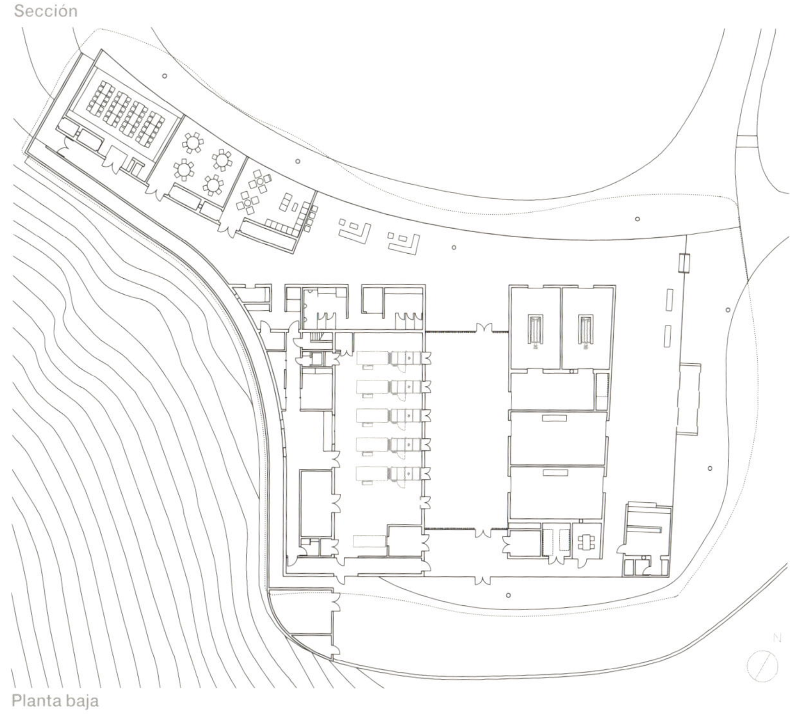

Planta baja

Museo Papertainer
Shigeru Ban Architects +KACI International

1

2

Seúl, Corea del Sur
2006

El museo Papertainer es un pabellón provisional de exposiciones creado para conmemorar el 30 aniversario de la empresa de diseño y medios culturales Designhouse Inc. Situado en el parque olímpico de Seúl, en el barrio de Songpa-Gu, el edificio presenta una planta en forma de D que se amolda a los caminos preexistentes del bosque que lo rodea, además de representar la inicial del nombre de su promotor. Esta adaptación del edificio a su entorno no es óbice para que se trate de una estructura reciclable, que se puede desmantelar y reconstruir en otra parte. Este carácter móvil se suma a un diseño ya de por sí único.

El museo debe su nombre a los inusuales materiales de construcción que componen el edificio: 166 contenedores portuarios de acero y 353 columnas de papel, sustentados por unos cimientos a base de vigas de acero. El papel utilizado, denso en extremo, es un material muy duradero y resistente al agua y al fuego. Una columnata gigante de altísimos fustes de papel compone la monumental fachada del pabellón. Detrás se eleva una cuadrícula de contenedores apilados en cuatro alturas, abiertos y cerrados alternativamente para crear un motivo ajedrezado de espacios huecos y macizos. Estas cajas sirven de casillas de exposición, oficinas y armarios. Detrás, más tubos de papel forman las paredes curvas del cuerpo semicircular, impidiendo la entrada de luz natural a esta zona.

El interior está dividido en tres elementos simples. Dos salas de exposiciones ofrecen un vasto espacio para exhibir piezas de arte creadas con materiales reciclados. La primera es el volumen rectangular situado detrás de la fachada principal que aloja la Galería de Contenedores. Este espacio queda inundado de la luz procedente de las grandes aberturas situadas en ambos extremos. La porción curva del edificio es más sombría y encierra en el centro un atrio abierto con un café y un jardín de esculturas.

1 Fachada oeste
2 Vista aérea
3 Sala grande de exposiciones
4 Vista desde el norte
5 Detalle de la fachada exterior
6 Detalle de la fachada interior

3

4

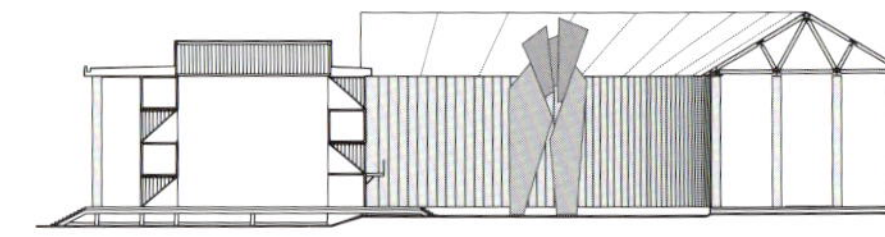

Sección

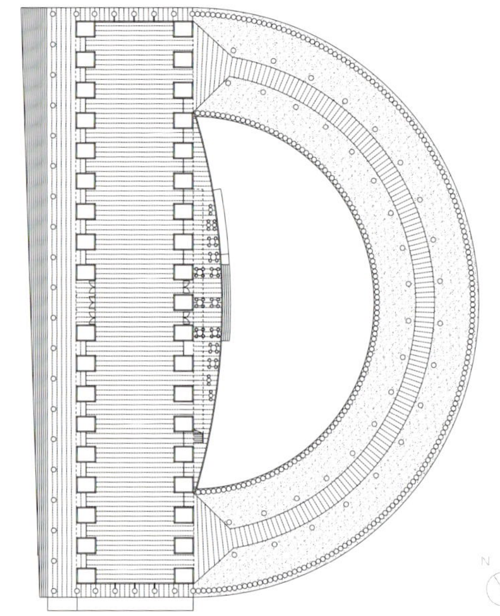

Planta

5

Seúl, Corea del Sur
2006

6

Tienda de Ann Demeulemeester
Mass Studies

1

2

Seúl, Corea del Sur
2007

El Gangnam de Seúl, un barrio hasta hace poco residencial, se está transformando con rapidez en una zona comercial con tiendas y restaurantes de alto nivel. Escondido detrás de la calle principal, este edificio de tres plantas guarda las colecciones de la diseñadora belga Ann Demeulemeester. La tienda responde a la densa urbanización de su entorno con una arquitectura botánica que integra la naturaleza en la ciudad. El aspecto poco práctico de construir un edificio para un solo diseñador se compensó con la incorporación en el proyecto de otros usos.

El edificio se organiza en torno a un patio central y aparcamiento que dibuja una muesca en la planta. La fachada de herbáceas perennes de exterior constituye una pared viva que se prolonga en el interior. Todo el edificio está revestido de este césped, solo interrumpido por paneles de cristal. La boutique principal, transparente, está situada al oeste del patio, mientras que la escalera de ascenso al restaurante del piso superior y de descenso a la tienda del sótano queda al este. La parte trasera y los flancos del edificio que limitan con las parcelas colindantes están rodeados de una gruesa cerca de bambú.

La tienda del primer piso, de formas orgánicas, parece tallada en hormigón visto. El techo ondulado baja para volcarse en el suelo a través de una serie de columnas redondas que crean aberturas en forma de arco con vistas a la vegetación del exterior. Debajo de las escaleras se alojan servicios como los probadores, las zonas de almacén y un baño. Las escaleras conducen al restaurante de la planta superior, constituido por un gran comedor principal con salida a dos espacios exteriores, un escondido balcón trasero y un patio sobre el tejado, que ofrecen mayor intimidad.

1 Fachada sur
2 Tienda
3 Detalle de la fachada
4 Paredes vivientes interiores
5 Detalle de la tienda
6, 7 Detalle de la escalera
8, 9 Escalera a la planta superior

3

4

5

Seúl, Corea del Sur
2007

6

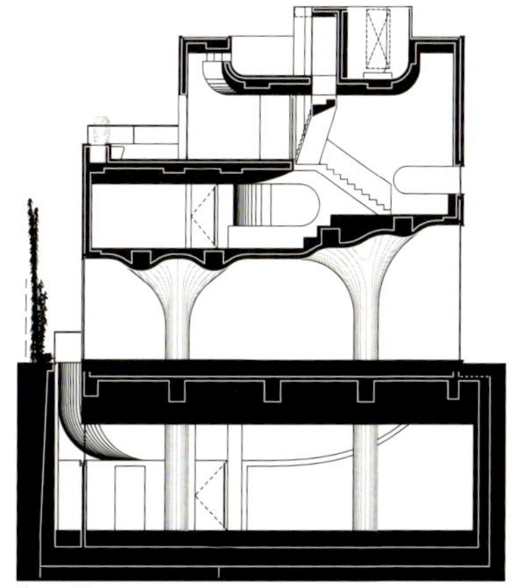

Sección

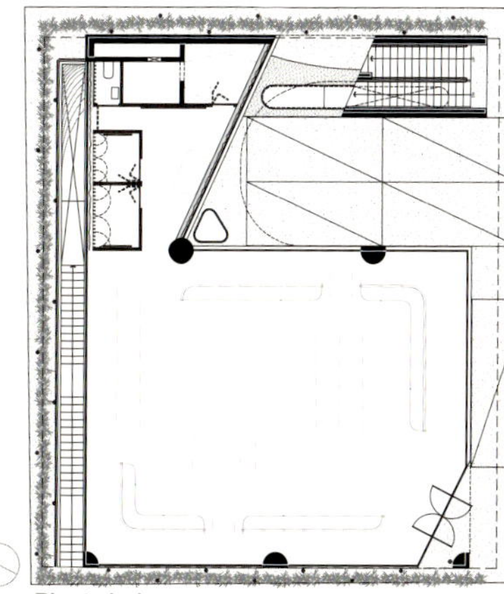

Planta baja

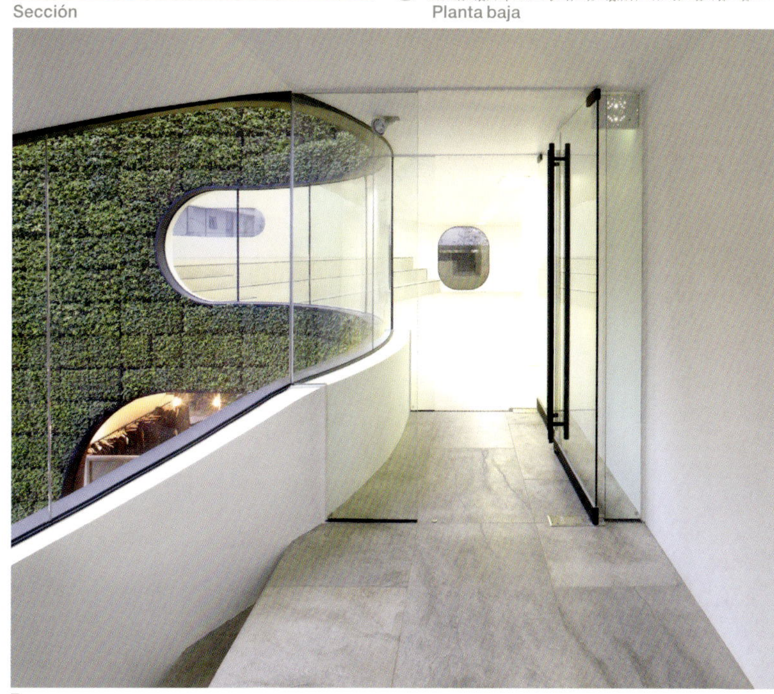

7

8

9

Capilla Hermano Claus

Peter Zumthor

1

2

Mechernich, Bonn, Alemania
2007

Esta pequeña capilla que se yergue al borde de un campo es tan sencilla como evocadora. Responde al carácter espiritual y sensual de la arquitectura de Peter Zumthor, muy selectivo a la hora de aceptar proyectos y aficionado a invertir tiempo en perfeccionarlos. Cuando una pareja de campesinos le pidió que diseñara una capilla dedicada a san Nicolás de Flüe (el hermano Claus), ermitaño, místico y mediador político, aceptó el encargo de forma gratuita, como obsequio a su madre, que admira al santo patrón de Suiza.

Zumthor apostó por un diseño simple que pudieran edificar los propios campesinos con su familia y amigos. El método de construcción elegido era poco habitual: en parte construcción y en parte destrucción. Primero se levantó una estructura al estilo de un tipi indio con 112 troncos talados en un bosque de la región. Después, durante 24 días se vertió a diario sobre los troncos una capa de 50 centímetros de hormigón elaborado con grava del río cercano, arena amarilla rojiza y cemento blanco. Una vez cuajado el hormigón se quemaron los troncos y se dejaron arder lentamente durante tres semanas, en un proceso parecido al de la quema de carbón. Una vez apagado el fuego, se retiraron los restos de madera dejando las paredes con surcos carbonizados.

Al acercarse, la única pista sobre la función de la capilla es la crucecita de bronce colocada sobre la puerta. Un vano triangular constituye el único acceso a la torre, formada por cinco lados irregulares. Dentro, un pasillo oscuro y angosto con el techo en punta conduce a un único recinto de paredes ennegrecidas inclinadas, que culminan en la cúspide en un orificio en forma de lágrima, abierto a los elementos. Los 350 agujeros que el método de construcción dejó en el hormigón se han rellenado con cristal soplado. Una pila de plomo fundido colocada en el suelo recoge el agua de lluvia, que sale hacia fuera por un canal.

1 Vista del exterior desde el camino de acceso
2 Vista del interior hacia la entrada
3 Parte trasera del edificio
4 Detalle de los agujeros de la fachada de hormigón
5 Entrada triangular
6 Puerta metálica
7 Vista desde el interior hacia la abertura del techo

3

4

5

Mechernich, Bonn, Alemania
2007

6

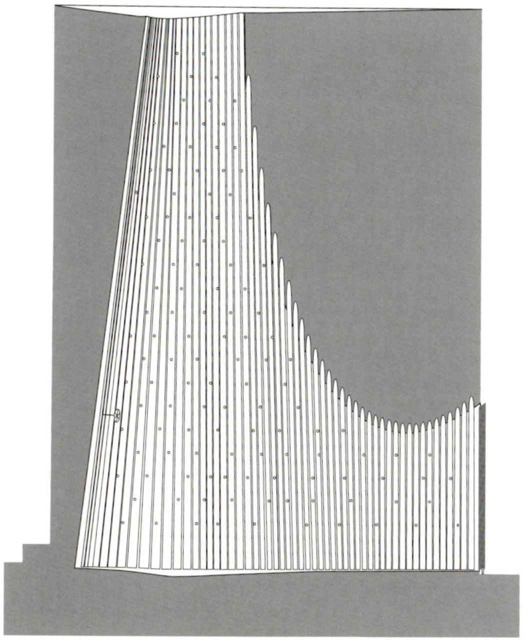

Sección

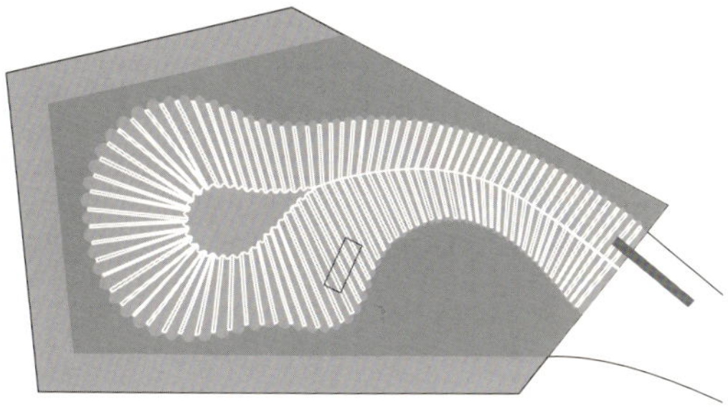

Planta

7

Museo de arte Kolumba
Peter Zumthor

1

2

3

4

Colonia, Alemania
2007

Este es un museo inusual y está en un lugar inusual. El museo de arte Kolumba, del arzobispado de Colonia, fue fundado en 1853 por la Sociedad de Arte Cristiano. Su nuevo hogar es una iglesia gótica que fue parcialmente destruida durante la segunda guerra mundial. En 1949 se construyó en las ruinas una capilla octogonal, proyectada por Gottfried Böhm, para albergar una estatua de la Virgen María que había sobrevivido milagrosamente al bombardeo. Más tarde, en la década de 1970, unas excavaciones pusieron al descubierto los restos de un edificio romano entre las paredes de la iglesia. El nuevo museo incorpora todas estas estructuras anteriores, y además añade nuevas galerías para sus colecciones. El arquitecto Peter Zumthor ha diseñado un edificio sutil y comedido que combina lo nuevo y lo viejo para dar cabida a la reflexión en una colección que abarca los mismos 2.000 años que el edificio.

Los materiales utilizados son respetuosos con las estructuras preexistentes. Muros de finos y ligeros ladrillos grises, semejantes a los que empleaban los romanos, se elevan sobre las paredes que quedaban de la iglesia y encierran la capilla octogonal y las ruinas romanas en un espacio de doble altura. Una pasarela de madera zigzaguea entre estilizadas columnas de acero recubiertas de hormigón que soportan una cubierta de hormigón visto. En la parte alta de los muros los ladrillos, espaciados, dejan entrar una luz moteada a través de los huecos.

El vestíbulo conduce a la sala de las ruinas, un patio ajardinado y la escalera que sube a las galerías. Las salas de exposición se distribuyen en dos plantas situadas por encima del volumen de doble altura, de modo que el nuevo edificio queda encima de los más antiguos. Juntos desempeñan todas las funciones, ya que aquí no hay cafés ni tiendas que desvirtúen la tarea de contemplar el arte y la arquitectura.

1, 2 Fachada a la calle
3 El patio con las ruinas de la iglesia
4 Vista desde la galería
5 Fachada perforada
6, 7 Detalles del interior con vestigios góticos y romanos
8 Interior de la galería

5

6

7

8

Estudios y centro cultural de la televisión china CCTV y TVCC
Office for Metropolitan Architecture (OMA)

1

2

Pekín, China
2008

Los nuevos estudios de la televisión china (CCTV) constituyen una impresionante reinterpretación del concepto de rascacielos. En lugar de competir por alcanzar una gran altura, los arquitectos prefirieron experimentar con la forma. Las instalaciones se alojan en un cubo retorcido con un hueco en el centro que deja a la vista las torres del nuevo barrio central de negocios. El adyacente centro cultural de la televisión (TVCC) es un edificio más convencional, con una ancha base y una estilizada torre que albergan instalaciones públicas y un hotel. También forma parte del conjunto un parque mediático que acoge eventos públicos y en el que se ruedan exteriores.

En el CCTV se desarrolla todo el proceso de producción de programas en una serie de instalaciones intercomunicadas. Sobre una plataforma de producción común parcialmente soterrada se elevan dos estructuras, una dedicada a la emisión y la otra a investigación y educación. Los servicios de dirección se sitúan en la sección superior, que es como un puente. El público puede visitar el edificio, privado en su mayor parte, siguiendo una ruta habilitada a tal efecto que ofrece espectaculares vistas de la ciudad y perspectivas de vértigo a través del suelo de cristal de la sección superior.

El edificio está constituido por un tubo cuadrado continuo, con una base en L, dos torres que se inclinan la una hacia la otra en un ángulo de seis grados y una zona superior a modo de puente en forma de L. La estructura principal es la superficie del tubo y los forjados de las plantas actúan como refuerzos. El requerimiento estructural de acero es menor que en una torre convencional de la misma superficie. El eficiente acristalamiento —con una capa integrada de red expandida de metal que actúa como parasol— se sostiene mediante una trama diagonal de tubos de acero. A mayor tensión sobre la estructura en un punto, mayor número de tubos de acero en la trama, lo que da como resultado un efecto de pavimentación arbitraria.

1 Los edificios en su entorno
2 Vista del CCTV con el TVCC al fondo
3 Detalle de las fachadas
4 Vista del CCTV hacia arriba desde la planta baja
5 Exterior desde la calle, con el TVCC en primer plano
6 Vista desde el CCTV
7 Detalle del exterior del CCTV

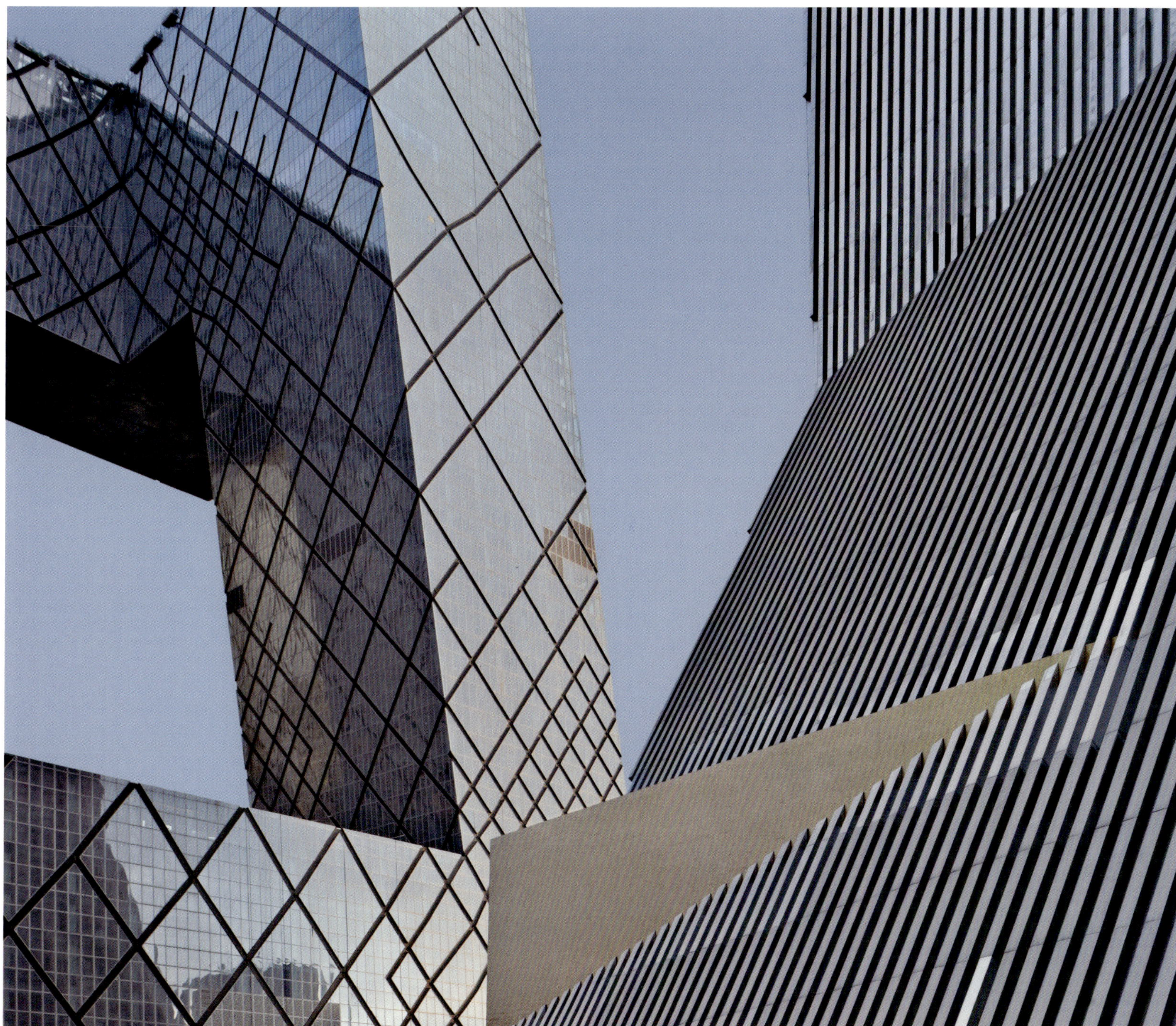

3

4

Pekín, China
2008

5

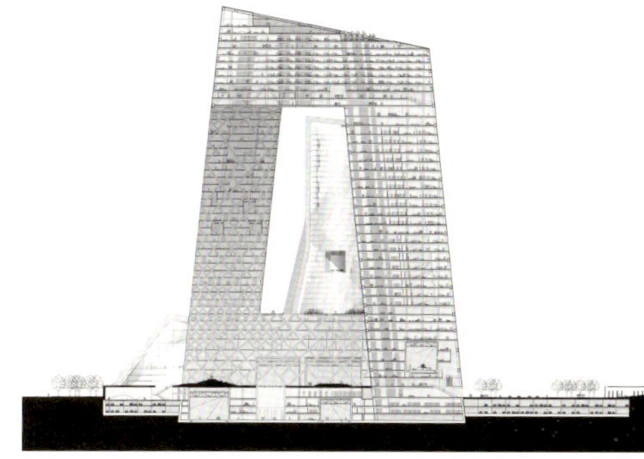

Sección del emplazamiento

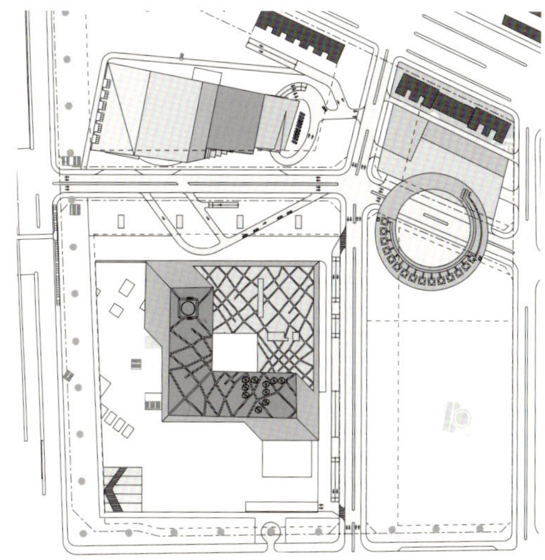

Emplazamiento

6

7

Estadio nacional
Herzog & de Meuron

1

2

Pekín, China
2008

Este estadio nacional fue la pieza central de los Juegos Olímpicos de 2008. En esta obra Herzog & de Meuron y el artista chino colaborador Ai Weiwei insistieron una vez más en su interés por la piel de los edificios, tema que ya habían explorado en otro estadio, el Allianz Arena (2005). El resultado es un espectacular recipiente ondulado compuesto por una red de columnas diagonales que, soportándose unas a otras, se elevan desde el suelo para revestir el sólido núcleo central de las gradas. Este exterior puramente estructural se ha ganado el apodo de «nido de pájaro».

Una enmarañada rejilla de vigas de acero plateadas se inclina hacia fuera desde el suelo y, arriba, se curva hacia dentro por encima de las gradas. Varias diagonales ocultan y sustentan escaleras a distintos niveles, mientras que la elevación y el descenso del borde del recipiente siguen la línea de las rampas que conducen a las gradas más altas. Las vías de acceso horizontales, diagonales y verticales entrecruzadas ofrecen múltiples espacios de paseo y encuentro, elemento inherente a la cultura china. También favorece la interacción social el nuevo parque que rodea el estadio, cuyos caminos de pizarra emulan el patrón de la fachada.

El estadio tiene un aforo de 80.000 espectadores (incrementado a 91.000 para los Juegos Olímpicos). Su forma de cuenco casi circular ayuda a generar y transmitir emociones entre el público. Las gradas de hormigón y las instalaciones anexas, como restaurantes, tiendas y servicios, están pintadas de rojo. La pista de atletismo, también roja, parece fundirse con los asientos de los niveles inferiores. En las gradas más altas las localidades pasan a ser blancas, de modo que los niveles superiores se funden con la cubierta. Esta última está impermeabilizada con una membrana transparente de ETFE (etileno tetrafluoroetileno), revestida de otra de PTFE (politetrafluoroetileno) que desvía el sonido al tiempo que oculta la estructura.

1, 2 Vistas exteriores del edificio
3 Vista del interior con los asientos y las pistas
4 Detalle de la estructura de entramado de acero
5, 6 Zonas de circulación del público
7 Competición en el estadio
8 Entrada hacia los ascensores

3

4

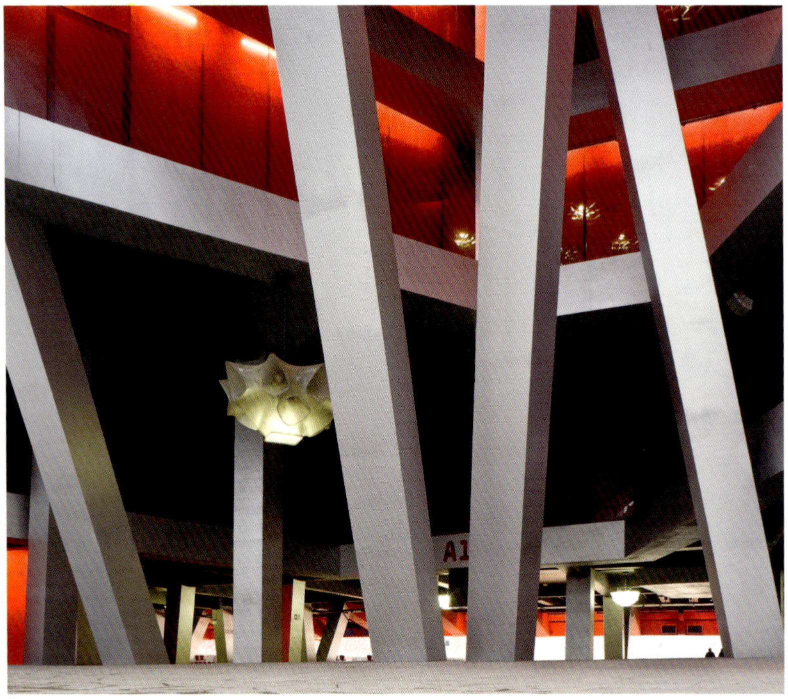

5

6

Pekín, China
2008

7

8

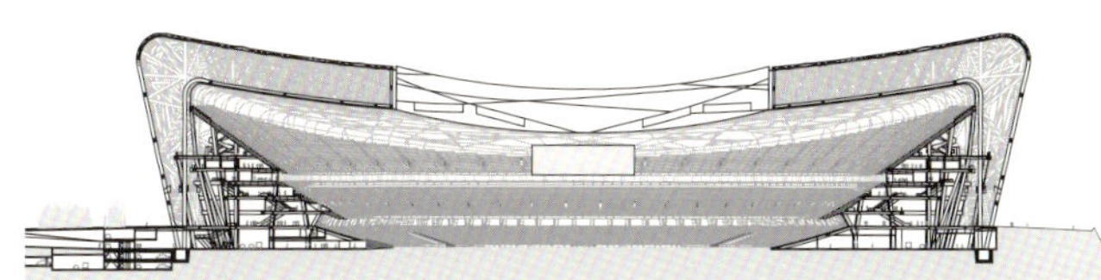

Sección

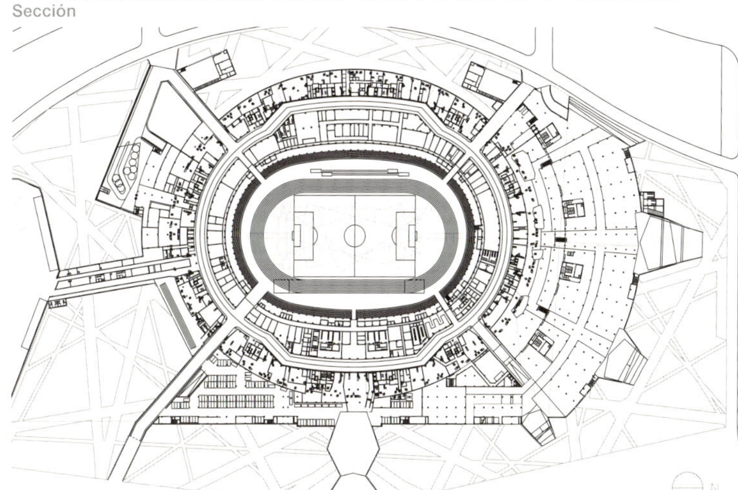

Emplazamiento

Fundación Iberê Camargo
Siza Vieira Arquiteto

1

2

Porto Alegre, Brasil
2008

Esta nueva galería de arte alberga la obra del artista brasileño Iberê Camargo y funciona como centro cultural donde se celebran exposiciones temporales, talleres y conferencias. Tiene una frondosa colina como telón de fondo y por delante del edificio fluye el río Gualba. Álvaro Siza ha separado las funciones prácticas de las salas de exposición: las primeras están colocadas en dos bloques bajos y el sótano, mientras que las galerías se reparten en un vistoso bloque de cuatro plantas.

El edificio es al mismo tiempo sencillo y complejo. Su objetivo es conducir al visitante en un viaje de descubrimiento de la obra de Camargo, y en este concepto se inscriben las rampas cerradas que entran y salen de la atrevida fachada de hormigón blanco. Desde la calle, los visitantes ascienden por una rampa hasta el café, la tienda, la biblioteca, los talleres y una sala de conferencias situados encima y en el interior de un plinto. Tras rebasar las bandas angulosas que contienen las rampas, llegan a la entrada principal. El vestíbulo está justo detrás de la ondulada fachada y las rampas serpentean hacia arriba, hacia fuera y alrededor de toda la altura del edificio hasta desembocar en las galerías superiores. Las zonas de exposición están distribuidas en tres plantas y se reparten en nueve salas, que pueden dividirse en varios espacios de exhibición.

La estructura monolítica de hormigón blanco no requiere columnas interiores, porque los muros soportan todo el peso. Los suelos de madera aportan un marcado contraste con las paredes y techos blancos. Siza se encargó asimismo de diseñar los muebles, también de madera. Un reducido número de vanos proporciona vistas escogidas del exterior, pero este es ante todo un edificio introspectivo. Es como una escultura gigante o un monumento *art déco* radicalmente remodelado para este siglo.

1 Fachada norte
2 Vestíbulo
3 Secuencia de rampas
4 Detalle del vestíbulo
5,6 Detalles de las rampas interiores
7 Espacio interior de una galería

3

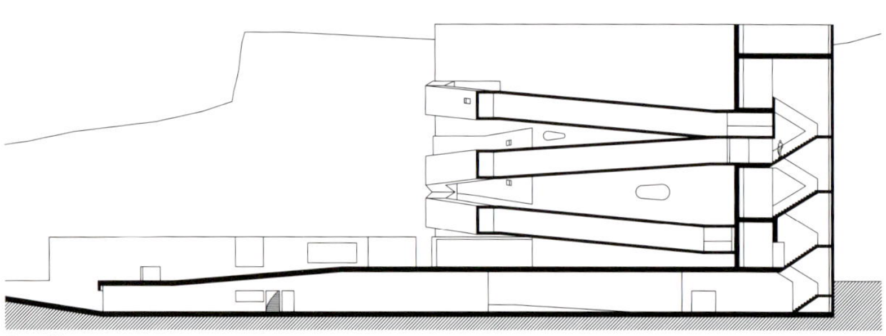

Sección

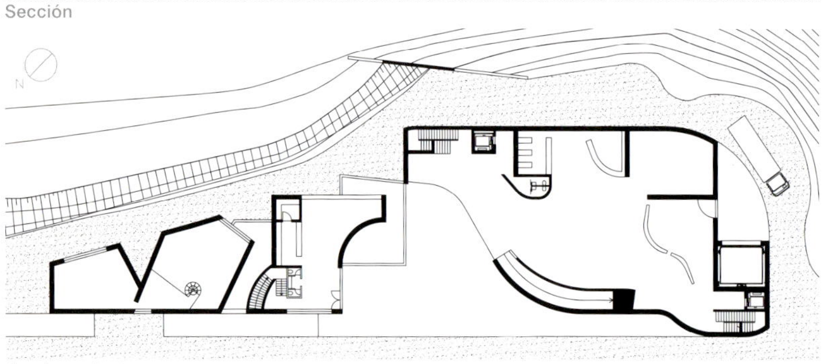

Emplazamiento

4

Porto Alegre, Brasil
2008

5

6

7

Índice

30 St. Mary Axe, 50

Ábalos & Herreros, Torre y plaza Woerman, **118**
Alemania,
Berlín, Monumento a los judíos europeos asesinados, **90**
Colonia, Museo de arte Kolumba, **142**
Mechernich, Capilla Hermano Claus, **138**
Múnich, Allianz Arena, **78**
Allianz Arena, 78
Asamblea Nacional de Gales, 94
Ateliers Jean Nouvel,
Centro cultural y de congresos, **6**
Torre Agbar, **114**
Auditorio Ciudad de León, 10

Barcelona, España, Torre Agbar, **114**
Basilea, Suiza,
Campus Novartis Forum 3, **98**
Schaulager de la Fundación Laurenz, **102**
Berlín, Alemania, Monumentos a los judíos europeos asesinados, **90**
Biblioteca universitaria, 74
Birmingham, Reino Unido, Grandes almacenes Selfridges Birmingham, **42**
Bodelva, Cornualles, Reino Unido, Proyecto Edén, **86**
Braga, Portugal, Estadio de Braga, **30**
Brasil, Porto Alegre, Fundación Iberê Camargo, **154**

Calheta, Madeira, Portugal, Centro de arte Casa das Mudas, **54**
Cambridge, Massachusetts, Estados Unidos, Residencia de estudiantes Simmons Hall, **18**
Campus Novartis Forum 3 98
Capilla Hermano Claus, 138
Cardiff, Gales, Reino Unido, Asamblea Nacional de Gales, **94**
Casa da Música, 82
Centro cultural y de congresos, 6
Centro de arte Casa das Mudas, 54
Centro de arte contemporáneo Lois & Richard Rosenthal, 38

China,
Pekín, Estadio nacional, **150**
Pekín, Estudios y centro cultural de la televisión china CCTV y TVCC, **146**
Cincinatti, Ohio, Estados Unidos, Centro de arte contemporáneo Lois & Richard Rosenthal, **38**
Colonia, Alemania, Museo de arte Kolumba, **142**
Corea del Sur,
Seúl, Museo Papertainer, **130**
Seúl, Tienda de Ann Demeulemeester, **134**

Diener & Diener Architekten, Campus Novartis Forum 3, **98**

Edimburgo, Reino Unido, Parlamento de Escocia, **70**
Eisenman Architects, Monumento a los judíos europeos asesinados, **90**
Escuela de navegación y transporte marítimo, 106
España,
Barcelona, Torre Agbar, **114**
Las Palmas, Gran Canaria, Torre y plaza Woerman, **118**
León, Auditorio Ciudad de León, **10**
Madrid, Terminal 4 del aeropuerto de Barajas, **110**
Estadio de Braga, 30
Estadio nacional, Pekín, **150**
Estados Unidos,
Cambridge, Massachusetts, Residencia de estudiantes Simmons Hall, **18**
Cincinatti, Ohio, Centro de arte contemporáneo Lois & Richard Rosenthal, **38**
Los Ángeles, California, Walt Disney Concert Hall, **46**
Estudios y centro cultural de la televisión china CCTV y TVCC, 146

Foreign Office Architects, Terminal internacional del puerto de Yokohama, **22**
Foster + Partners,
30 St. Mary Axe, **50**
Viaducto de Millau, **66**
Francia,
Gorge du Tarn, Viaducto de Millau, **66**
Fundación Iberê Camargo, 154

Future Systems, Grandes almacenes Selfridges Birmingham, **42**

Galería Henze & Ketterer, 62
Gehry Partners, Walt Disney Concert Hall, **46**
Gigon/Guyer Architekten, Galería Henze & Ketterer, **62**
Gorge du Tarn, Francia, Viaducto de Millau, **66**
Grandes almacenes Selfridges Birmingham, 42
Grimshaw, Proyecto Edén, **86**

Herzog & de Meuron,
Allianz Arena, **78**
Estadio nacional, Pekín, **150**
Schaulager de la Fundación Laurenz, **102**

Italia,
Roma, Parco della Musica, **14**

Japón,
Kakamigahara, Prefectura de Gifu, Tanatorio municipal Meiso no Mori, **126**
Kanazawa, Prefectura de Ishikawa, Museo de arte contemporáneo Siglo XXI, **26**
Naoshima, Prefectura de Kagawa, Museo de arte Chichu, **58**
Tokamachi, Prefectura de Niigata, Museo de ciencias naturales Matsunoyama, **34**
Yokohama, Prefectura de Kanagawa, Terminal internacional del puerto, **22**

Kakamigahara, Prefectura de Gifu, Japón, Tanatorio municipal Meiso no Mori, **126**
Kanazawa, Prefectura de Ishikawa, Japón, Museo de arte contemporáneo Siglo XXI, **26**

Las Palmas, Gran Canaria, España, Torre y plaza Woerman, **118**
León, España, Auditorio Ciudad de León, **10**
Londres, Reino Unido, 30 St. Mary Axe, **50**

Los Ángeles, California, Estados Unidos,
Walt Disney Concert Hall, **46**
Lucerna, Suiza, Centro cultural
y de congresos, **6**

Madrid, España, Terminal 4 del aeropuerto
de Barajas, **110**
Mansilla + Tuñón Arquitectos, Auditorio Ciudad
de León, **10**
Mass Studies, Tienda de Ann Demeulemeester, **134**
Mechernich, Alemania, Capilla Hermano Claus, **138**
Miralles/Tagliabue - EMBT, Parlamento
de Escocia, **70**
Monumento a los judíos europeos asesinados, 90
Múnich, Alemania, Allianz Arena, **78**
Museo de arte Chichu, 58
Museo de arte contemporáneo Siglo xxi, 26
Museo de arte Kolumba, 142
Museo de ciencias naturales Matsunoyama, 34
Museo Papertainer, 130

Naoshima, Prefectura de Kagawa, Japón, Museo
de arte Chichu, **58**
Neutelings Riedijk Architecten, Escuela de
navegación y transporte marítimo, **106**

Office for Metropolitan Architecture (OMA),
Casa da Música, **82**
Estudios y centro cultural de la televisión china
CCTV y TVCC, **146**
Oporto, Portugal, Casa da Música, **82**

Países Bajos,
Róterdam, Escuela de navegación y transporte
marítimo, **106**
Utrecht, Biblioteca universitaria, **74**
Parco della Musica, 14
Parlamento de Escocia, 70
Paulo David, Centro de arte Casa das Mudas, **54**
Pekín, China,
Estadio nacional, **150**
Estudios y centro cultural de la televisión CCTV
y TVCC, **146**

Peter Zumthor,
Capilla Hermano Claus, **138**
Museo de arte Kolumba, **142**
Porto Alegre, Brasil, Fundación Iberê Camargo, **154**
Portugal,
Braga, Estadio de Braga, **30**
Calheta, Madeira, Centro de arte Casa das
Mudas, **54**
Oporto, Casa da Música, **82**
Proyecto Edén, 86

Reino Unido,
Birmingham, Grandes almacenes Selfridges
Birmingham, **42**
Bodelva, Cornualles, Proyecto Edén, **86**
Cardiff, Asamblea Nacional de Gales, **94**
Edimburgo, Parlamento de Escocia, **70**
Londres, 30 St. Mary Axe, **50**
Renzo Piano Building Workshop, Parco della
Musica, **14**
Residencia de estudiantes Simmons Hall, 18
Richard Rogers Partnership,
Asamblea Nacional de Gales, **94**
Terminal 4 del aeropuerto de Barajas, **110**
Roma, Italia, Parco della Musica, **14**
Róterdam, Países Bajos, Escuela de navegación
y transporte marítimo, **106**

SANAA, Museo de arte contemporáneo Siglo xxi, **26**
Schaulager de la Fundación Laurenz, 102
Seúl, Corea del Sur,
Museo Papertainer, **130**
Tienda de Ann Demeulemeester, **134**
Shigeru Ban Architects + KACI International,
Museo Papertainer, **130**
Siza Vieira Arquiteto, Fundación Iberê
Camargo, **154**
Souto Moura - Arquitectos, Estadio de Braga, **30**
Spillmann, Echsle Architekten, Tienda de
Freitag, **122**
Steven Holl Architects, Residencia de estudiantes
Simmons Hall, **18**
Suiza,
Basilea, Campus Novartis Forum 3, **98**
Basilea, Schaulager de la Fundación Laurenz, **102**
Lucerna, Centro cultural y de congresos, **6**
Wichtrach, Galería Henze & Ketterer, **62**
Zúrich, Tienda de Freitag, **122**

Tadao Ando Architects and Associates, Museo
de arte Chichu, **58**
Tanatorio municipal Meiso no Mori, 126
Terminal 4, aeropuerto de Barajas, **110**
Terminal internacional del puerto, Yokohama, **22**
Tezuka Architects, Museo de ciencias naturales
Matsunoyama, **30**
Tienda de Ann Demeulemeester, 134
Tienda de Freitag, 122
Tokamachi, Prefectura de Niigata, Japón, Museo
de ciencias naturales Matsunoyama, **34**
Torre Agbar, 114
Torre y plaza Woerman, 118
Toyo Ito & Associates, Architects, Tanatorio
municipal Meiso no Mori, **126**

Utrecht, Países Bajos, Biblioteca universitaria, **74**

Viaducto de Millau, 66

Walt Disney Concert Hall, 46
Wichtrach, Suiza, Galería Henze & Ketterer, **62**
Wiel Arets Architects, Biblioteca universitaria, **74**

Yokohama, Prefectura de Kanagawa, Japón,
Terminal internacional del puerto, **22**

Zaha Hadid, Centro de arte contemporáneo
Lois & Richard Rosenthal, **38**
Zúrich, Suiza, Tienda de Freitag, **122**

Créditos fotográficos
Philippe Ruault: pp. 6-9, pp. 82-85, pp. 114-117, Luis Asin: pp. 10-13, Rpbw: p. 14, Andy Ryan: pp. 18-21, Satoru Mishima: pp. 22-25, Getty Images: pp. 26-29, Christian Richters: pp. 30-33, pp. 98-101, © Katsuhisa Kida: pp. 34-37, Helene Binet: pp. 38-41, Roland Halbe: pp. 38-41, pp. 46-49, Thomas Mayer: p. 48, Nigel Young_Foster + Partners: pp. 50-53, Fernando Guerra & Sergio Guerra, FG + SG - Fotografía de Arquitectura: pp. 54-57, pp. 154-157, Mitsuo Matsuoka: pp. 58-61, © H Helfenstein: pp. 62-65, Stephane Compoint: p. 66, Ben Johnson: pp. 66-69, Duccio Malagamba: pp. 70-73, p. 78, Jan Bitter: pp. 74-77, Corbis: pp. 78-81, Allianz Arena/B. Ducke: pp. 78-81, Rob Hoekstra: pp. 82-85, Tamsyn Williams: p. 86, Courtesy of the Eden Project: p. 86-89, Marc Hill/Apex: p. 87, Nick Gregory/Apex: p. 89, © Foundation Memorial to the Murdered Jews of Europe/Yara Lenke: p. 90, © Foundation Memorial to the Murdered Jews of Europe/Laubner: p. 90, © Foundation Memorial to the Murdered Jews of Europe/Lepkowski: p. 91, p. 93, Corbis: p. 92, Katsuisha Kida: p. 95, Lyndon Douglas: p. 94, Rogers Stirk Harbour + Partners: pp. 94-97, Redshift Photography: p. 97, Architekturphoto: pp. 102-105, Schaulager® Münchenstein/Basel, Herzog & de Meuron, Architekten, foto: Tom Bisig, Basilea: p. 105 [7], Schaulager® Münchenstein/Basel, Herzog & de Meuron, Architects, foto: Heinrich Helfenstein, Zúrich: p. 102 [2], Jeroen Musch: pp. 106-109, Amparo Garrido: p. 110, Roland Halbe/AENA: pp. 111-112, Manuel Renau/AENA: p. 113, Antje Quiram: pp. 122-123, p. 125, Roger Frei: p. 124, Roland Tännier: pp. 123-125, Toyo Ito & Associates, Architects: pp. 126-129, Jongoh Kim designhouse Inc.: pp. 130-133, Photography (c) Yong-Kwan Kim: pp. 134-137, Richard Schlagman: p. 140-141, Thomas Mayer: pp. 138-141, Iwan Baan: pp. 146-153, Corbis: p. 153, Leonardo Finotti: pp. 154-157

Phaidon Press Limited
Regent's Wharf
All Saints Street
Londres N1 9PA

Phaidon Press Inc.
180 Varick Street
Nueva York, NY 10014

www.phaidon.com

Primera edición en español 2009

ISBN: 978 0 7148 5680 3

Texto de Sally Watson y Justine Sambrook
Traducido del inglés por Nuria Bover Morral
para Equipo de Edición, S.L., Barcelona
Diseño de Hans Stofregen
Printed in China /Impreso en China